그 옛날에
이런 생각을?!

전통과학

사진출처

국립민속박물관_ 23p / 갈옷 25p / 통발 28p / 도롱이, 쌀가마니, 짚독, 짚방석, 짚신

국립중앙박물관_ 58p / 신라 해시계 잔편 82p / 《동국지도》 83p / 《대동여지도》 책자, 《대동여지도》 전도

문화재청_ 44p / 석빙고 입구 45p / 석빙고 환기 구멍 55, 112p / 관천대 65p / 혼천시계 67p / 수표 77p / 석굴암 본존불 78p / 해인사 장경판전 79p / 해인사 장경판전 81p / 《훈민정음》 해례본

연합뉴스_ 52p / 충청북도 청원 아득이 고인돌 덮개돌

위키피디아_ 39p / 거북선 그림(PHGCOM), 거북선 모형(Steve46814) 41, 111p / 거중기 41p / 녹로(잉여빵) 58, 112p / 앙부일구(Bernat) 67p / 측우기(Gyeongmin Koh) 76, 114p / 석굴암 구조 모형(Junho Jung) 97p / 간의(Jocelyndurrey), 금속 활자 갑인자(Jocelyndurrey) 101p / 《동의보감》(Ulrich Lange, Bochum, Germany)

충청남도 태안군_ 25p / 독살

플리커_ 87p / 구텐베르크가 인쇄한 성경(NYC Wanderer)

한국학중앙연구원_ 37p / 화차 86p / 고려 시대 금속 활자 95p / 다양한 화포

통합교과 시리즈

그 옛날에 이런 생각을?! 전통과학

ⓒ 정재은, 2020

1판 1쇄 발행 2020년 4월 30일 | **1판 23쇄 발행** 2024년 5월 30일

글 정재은 | **그림** 시미씨 | **감수** 서울과학교사모임
펴낸이 권준구 | **펴낸곳** (주)지학사
본부장 황홍규 | **편집장** 김지영 | **편집** 박보영 이지연 | **디자인** 이혜리
마케팅 송성만 손정빈 윤술옥 | **제작** 김현정 이진형 강석준 오지형
등록 2010년 1월 29일(제313-2010-24호) | **주소** 서울시 마포구 신촌로6길 5
전화 02.330.5265 | **팩스** 02.3141.4488 | **이메일** arbolbooks@jihak.co.kr
ISBN 979-11-6204-085-0 74400
ISBN 979-11-85786-82-7 74400(세트)
잘못된 책은 구입하신 곳에서 바꿔 드립니다.

제조국 대한민국 사용연령 8세 이상
KC마크는 이 제품이 공통안전기준에 적합하였음을 의미합니다.

아르볼은 '나무'를 뜻하는 스페인어. 어린이들의 마음에 담긴 씨앗을 알찬 열매로 맺게 하는 나무가 되겠습니다.
홈페이지 www.jihak.co.kr/arb/book | **포스트** post.naver.com/arbolbooks

통합교과 시리즈
참 잘했어요 과학 20

전통과학

그 옛날에
이런 생각을?!

글 정재은 | 그림 시미씨 | 감수 서울과학교사모임

지학사아르볼

펴냄 글

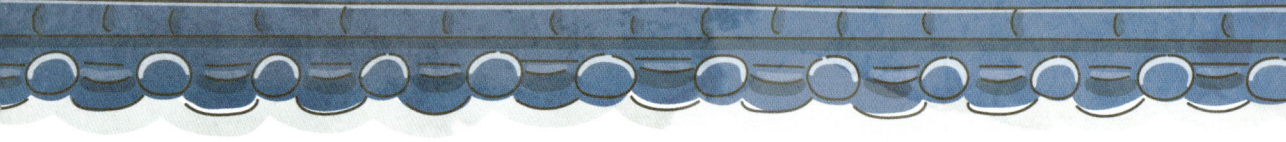

 과학은 왜 어려울까?

- 생물, 지구과학, 물리, 화학 등 공부해야 할 범위가 넓다.
- 책이나 교과서를 볼 땐 이해할 것 같다가도 돌아서면 헷갈린다.
- 과학 현상이나 원리가 어려워서 이해가 안 된다.
- 과학 공부를 할 때 어려운 단어가 많이 나온다.

 과학 공부, 쉽게 하려면 통합교과 시리즈를 펼치자!

통합교과란?

- 서로 다른 교과를 주제나 활동 중심으로 엮은 새로운 개념의 교과
- 하나의 주제를 **생활·전쟁·지구과학·문화·인물** 등 다양한 영역에서 접근해 정보 전달 효과를 높임
- 문·이과 통합 교육 과정에 안성맞춤

이런 학생들에게 통합교과 시리즈를 추천합니다!

과학 교과를 처음 배우는 초등학교 **3학년**

과학이 지겹고 어렵게 느껴지는 **4학년**

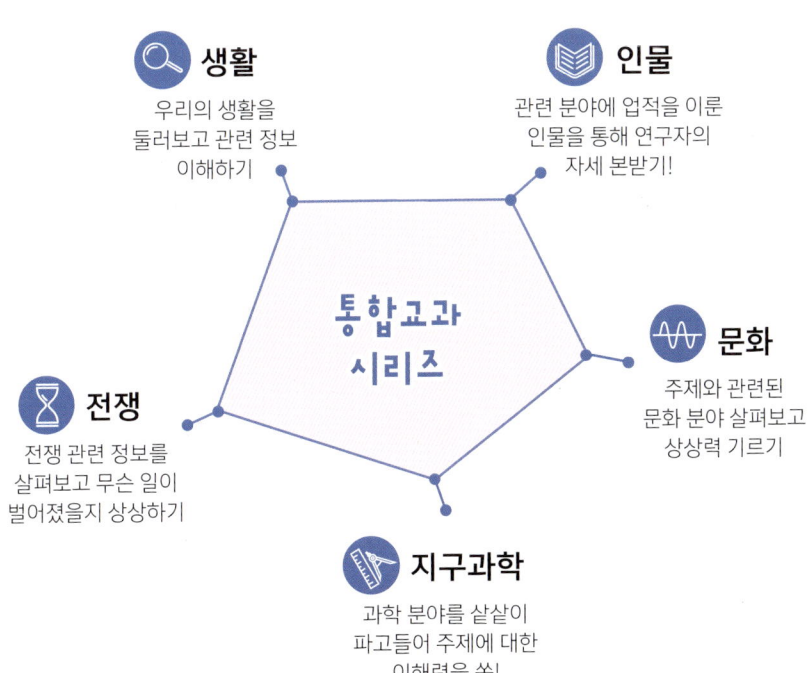

생활 - 우리의 생활을 둘러보고 관련 정보 이해하기

인물 - 관련 분야에 업적을 이룬 인물을 통해 연구자의 자세 본받기!

문화 - 주제와 관련된 문화 분야 살펴보고 상상력 기르기

지구과학 - 과학 분야를 샅샅이 파고들어 주제에 대한 이해력을 쏙!

전쟁 - 전쟁 관련 정보를 살펴보고 무슨 일이 벌어졌을지 상상하기

통합교과 시리즈

차례

1화
전통 문구점의 수상한 문 　생활 우리 조상들의 지혜 10

- 16　음식 속 전통과학 – 발효
- 18　그릇 속 전통과학 – 가마솥과 옹기
- 20　집에서 찾은 전통과학 – 한옥과 온돌
- 22　옷에서 찾은 전통과학 – 천연 염색과 갈옷
- 24　농업과 어업에서 찾은 전통과학 – 부룩과 독살
- 28　한 걸음 더 – 옛날 사람들의 친환경적 생활

2화
첩자로 몰린 영실이 　전쟁 나라를 지키기 위한 노력 30

- 36　무시무시한 조선의 로켓 무기 – 신기전
- 38　임진왜란을 승리로 이끈 거북선
- 40　도르래를 이용해 쌓아 올린 수원 화성
- 44　한 걸음 더 – 전기가 필요 없는 냉장고 : 석빙고

3화
하늘의 신이 된 장원이 　지구과학 하늘을 관찰하며 발견한 과학 46

- 52　고인돌과 고분에 그려진 별자리
- 54　동양에서 가장 오래된 천문대 – 첨성대
- 56　하늘을 그린 지도 – 천상열차분야지도
- 58　백성을 위한 시계 – 앙부일구와 자격루
- 60　우리나라 최초의 달력 – 《칠정산》
- 64　한 걸음 더 – 동서양의 기술로 만든 혼천시계
     　　　　　　 비의 양과 강물의 높이를 재는 측우기와 수표

4화
불국사에 다녀온 장원이

문화 문화재와 함께한 과학 68

- 74 《무구 정광 대다라니경》과 한지
- 76 돌을 쌓아 올려 만든 석굴암
- 78 《팔만대장경》을 지킨 장경판전
- 80 과학적인 언어의 탄생 – 한글
- 82 《동국지도》와 《대동여지도》
- 86 한 걸음 더 – 동서양 최초의 금속 활자

5화
체험! 발명의 순간

인물 자랑스러운 역사 속 과학자 88

- 94 화약 무기를 개발한 최무선
- 96 세종의 과학자 – 장영실, 이천, 이순지
- 100 조선의 명의 허준
- 102 바다 생물 백과를 쓴 정약전과 김려
- 106 한 걸음 더 – 조선 최고의 수학자 최석정

108 워크북 / 118 정답 및 해설 / 120 찾아보기

등장인물

영실이

전통 문구점의 단골손님으로,
역사를 매우 사랑하는 어린이예요.
과거로 돌아가는 역사 체험을 통해
전통과학에 대한 지식을 쌓아요.

장원이

영실이와 단짝 친구로,
체험 카드를 통해 과거에 다녀와요.
문구 아저씨가 좋아할 만한 문화재를
가져다주고 싶지만 번번이 실패해요.

문구 아저씨

할머니가 운영하던 전통 문구점을
없애려다가, 과거로 가는 문과
체험 카드를 발견한 뒤 계속 영업을 해요.
과거로부터 값비싼 문화재를 가져와
부자가 되는 게 꿈이에요!

· 음식 속 전통과학 - 발효
· 그릇 속 전통과학 - 가마솥과 옹기
· 집에서 찾은 전통과학 - 한옥과 온돌
· 옷에서 찾은 전통과학 - 천연 염색과 갈옷
· 농업과 어업에서 찾은 전통과학 - 부룩과 독살

한눈에 쏙 - 우리 조상들의 지혜
한 걸음 더 - 옛날 사람들의 친환경적 생활

우리 조상들의 지혜 • 15

 음식 속 전통과학 – 발효

전통과학은 우리 조상들이 5,000년의 역사를 살아오면서 이룬 업적이에요. 지금도 우리 가까운 곳에서 찾아볼 수 있지요. 특히 식탁 위에 오른 김치, 구수한 된장찌개, 명절에 먹는 달콤한 식혜 등 여러 음식에서 전통과학을 찾을 수 있어요.

맛과 영양의 비결은 발효

김치와 된장은 우리나라의 대표적인 전통 음식으로, 두 음식 모두 '발효'를 통해 만들어요.

발효란 세균과 곰팡이 같은 미생물이 음식물을 분해하는 과정에서 맛과 질감 등을 변화시키는 거예요. 요구르트, 치즈, 막걸리 등도 발효 식품이에요. 식품이 발효되면 처음 상태보다 맛과 영양이 풍부해지고, 먹었을 때 소화도 더 잘된답니다.

김치는 채소에 고춧가루, 마늘, 파, 젓갈 등 여러 재료를 넣고 담가요. 잘 익은 김치는 발효되면서 생긴 '젖산균'이라는 균이 많기 때문에 독특한 맛이 나요.

된장은 삼국 시대부터 먹어 온 전통 음식이에요. 콩을 발효시켜서 만들지요. 쌀과 보리, 조 등 탄수화물을 많이 먹었던 옛날 사람들에게 부족

역시 발효 음식이 짱이지!

한 단백질을 공급해 주는 좋은 식품이었지요.

된장은 1년 이상 발효시켜야 제대로 된 맛이 나요. 오래 익힐수록 맛도 좋고, 건강에 좋은 유익균도 많아진답니다.

오래 두고 먹어도 맛있는 발효 음식

발효 음식은 건강에도 좋지만 오래 보관하기도 좋아요. 좋은 미생물들이 해로운 미생물을 막아 주어서 음식이 빨리 상하지 않지요. 냉장고도 없던 옛날에 발효 과학을 발견하여 참 다행이에요!

김치
배추, 무, 열무, 파, 갓 등을 고춧가루를 비롯한 갖은양념에 버무려 만든 음식

장
콩으로 만드는 된장과 청국장, 고춧가루와 찹쌀가루, 메주 등으로 만드는 고추장이 있음

장아찌
채소를 소금물, 간장, 고추장 등에 넣어 발효시킨 음식

젓갈
생선, 조개 등 해산물을 소금 또는 고추장으로 발효시켜 만든 음식

막걸리
곡물을 발효시켜 만든 술

 그릇 속 전통과학 - 가마솥과 옹기

옛날 부엌에서 가장 귀하게 여긴 물건은 무엇이었을까요? 바로 밥을 짓는 가마솥과 장을 보관하는 옹기예요.

밥을 더 맛있게! - 가마솥

옛날부터 우리의 주식은 밥이었어요. 특히 가마솥에 갓 지은 고슬고슬한 밥은 별 반찬이 없어도 맛있어요. 가마솥에 담긴 특별한 과학 원리 덕분이지요. 가마솥은 바닥의 두께가 달라요. 열을 고르게 전달하기 위해 불이 바로 닿는 부분은 두껍게, 불에서 먼 가장자리 부분은 얇게 만들었답니다.

가마솥은 무쇠로 만들어서 몸체도 무겁지만 뚜껑도 매우 무거워요. 솥 안의 압력을 높이기 위해 뚜껑을 무겁게 만들었지요.

물은 보통 100도에서 팔팔 끓어요. 그런데 가마솥에 물을 끓이면 솥 안의 온도가 100도보다 높아져요. 물이 끓을 때 생기는 수증기가 솥 밖으로 덜 빠져나가 솥 안의 압력이 높아지기 때문이에요. 이때 압력이 계속 높아지면 물이 끓는 온도도 계속 올라가요.

이렇게 높은 온도에서 익힌 밥은 낮은 온도에서 익힌 밥보다 훨씬 맛이 좋아요. 현대의 전기 압력 밥솥은 바로 이 원리를 이용한 가전제품이에요.

얇음 | 불이 바로 닿는 부분은 두꺼움 | 얇음

오래오래 신선하게! - 옹기

장독대에 옹기종기 놓여 있는 갈색의 항아리들을 본 적 있나요? 이러한 옹기들은 진흙으로 빚어 만든 용기예요.

진흙으로 빚은 그릇에 천연 유약을 바른 뒤 1,200도가 넘는 가마에서 12~48시간 동안 구워 만들지요.

이렇게 만든 옹기에는 눈에 보이지 않는 아주 작은 구멍이 많이 나 있어요. 물은 새지 않지만 공기가 통하는 신기한 구멍이지요. 이 구멍 덕분에 옹기에 넣은 음식은 곰팡이가 피거나 눅눅해지지 않아 오래 보관할 수 있답니다.

옛날에는 김치, 된장, 고추장, 쌀, 물, 심지어 옷까지도 옹기에 넣어 보관했어요. 그리고 날마다 옹기를 깨끗이 닦았어요. 먼지나 때가 옹기의 구멍을 막으면 옹기가 숨을 쉴 수 없기 때문이에요.

옹기의 **구멍**은 어떻게 생길까?

옹기를 구울 때 흙 반죽에 남아 있던 물은 기체가 되어 빠져나가요. 이때 생기는 아주 작은 구멍들이 옹기가 숨을 쉬는 구멍이에요. 그런데 요즘에는 숨구멍이 없는 옹기도 많이 있어요. 만들기 까다로운 천연 유약 대신, 화학 약품으로 만든 유약을 발라 만들어 숨구멍이 막히기 때문이랍니다.

TIP
내 몸에 있는 미세한 구멍을 통해 음식물의 신선도를 유지하지!

집에서 찾은 전통과학 – 한옥과 온돌

우리의 전통 한옥은 여름에는 시원하고 겨울에는 따뜻해요. 한옥에는 어떤 과학 원리가 숨어 있을까요?

자연의 원리를 이용한 한옥

에어컨도 없는데 정말 시원해!

여름에 한옥의 대청마루에 앉아 있으면 바람이 솔솔 불어 시원해요. 바람이 잘 드나들 수 있게 집을 지었기 때문이에요.

우리나라는 여름에는 시원한 남동풍이 불고, 겨울에는 차가운 북서풍이 불어요. 옛날 사람들은 이러한 특성을 이용해 한옥을 남향으로 지었어요. 여름에는 바람이 시원하게 통하고, 겨울에는 차가운 북풍이 바로 들어오지 못하게 말이에요.

지붕 가장자리는 처마★를 길게 내려, 대청마루나 방 안으로 비바람이 들이치지 못하게 만들었어요. 처마 끝은 버선코처럼 둥글고 길게, 각도를 높여 위에서 내리쬐는 여름 햇볕은 반사하고, 낮게 들어오는 겨울 햇볕은 방 안으로 깊숙이 들어오게 했어요.

처마

★ **처마** 외벽과 기둥 밖으로 빠져나온 지붕의 밑부분

우리나라의 독특한 난방법 - 온돌

옛날 우리나라의 겨울은 지금보다 훨씬 추웠어요. 하지만 우리 조상들은 온돌 덕분에 따뜻한 겨울을 보낼 수 있었어요.

온돌은 아궁이에 불을 때서 방을 데우는 난방 구조예요. 아궁이에 불을 피우면 불기운이 방 밑을 고루 돌면서 구들장을 데운 다음 굴뚝으로 나가요. 그러면 방바닥이 뜨거워지면서 방 안이 따뜻해져요. 한번 달궈진 돌은 빨리 식지 않기 때문에, 저녁에 불을 때면 새벽까지 방이 따끈했답니다. 방을 데우면서 동시에 밥도 지을 수 있어 연료도 아낄 수 있었어요.

구들장 아궁이에 가까운 아랫목은 두껍게, 먼 쪽인 윗목은 얇게 하여 방바닥을 고루 데움

부넘기 불길이 잘 넘어가게 하고 아궁이로 도로 나오지 않게 함

고래 개자리 바람이 굴뚝에서 고래로 들어가는 것을 막아 열기를 유지하는 것을 도움

우리는 지금도 온돌의 원리를 이용한 보일러를 사용해요. 보일러의 연료는 나무 대신 전기나 가스로 바뀌었고, 방바닥 밑에는 구들장 대신 파이프를 깔아요. 보일러로 데운 물이 파이프를 지나며 바닥을 데우지요.

 ## 옷에서 찾은 전통과학 – 천연 염색과 갈옷

우리 조상들은 흰옷을 즐겨 입어 백의민족이라 불렸어요. 그렇다고 흰옷만 고집한 건 아니에요. 아기가 첫돌 때 입는 오방색 돌복, 알록달록 혼례복 등은 예쁜 색깔로 물들여 입었어요. 염색의 재료는 자연에서 쉽게 구할 수 있는 물질로 풀, 나무, 꽃, 조개 등을 이용했어요.

발효 과학으로 뽑아낸 쪽빛 염색

쪽빛 하늘이라는 말, 들어 봤나요? 옛날에는 푸른 가을 하늘을 보고 쪽빛이라고 했어요. 쪽이라는 식물로 염색한 것처럼 맑은 푸른색이란 뜻이었지요.

쪽빛은 우리 조상들이 무척 좋아했던 색이지만 염색하기가 까다로웠어요. 쪽의 푸른빛은 '인디고'라는 염료인데 물에 잘 녹지 않거든요. 하지만 우리 조상들은 쪽을 발효시켜서 푸른 염료를 뽑아냈어요.

> 쪽 염색을 한 옷은 뱀이나 벌레가 잘 안 붙었대요.

천연 염색 순서

❶ 쪽을 따뜻한 물에 넣어 우렸다가 건져 낸 뒤, 조갯가루를 넣어요.

❷ 조갯가루와 쪽물이 엉긴 앙금에 잿물과 식초 등을 넣어 며칠 동안 발효시킨 뒤 흰 천을 넣어 염색해요.

❸ 쪽물에 염색한 천을 서늘한 곳에 말려요. 진한 색을 원하면 여러 번 염색해요.

덥고 습한 날씨에도 상하지 않는 갈옷

제주도의 여름은 매우 덥고 습해요. 땀에 젖었던 옷을 벗어 두면 금세 쿰쿰한 냄새가 나고 상해서 못 입게 되었지요. 그래서 제주도 사람들은 갈옷을 자주 입었어요.

갈옷은 8월에 딴 풋감의 즙으로 염색했어요. 채 익지 않은 풋감은 쓰고 떫어서 먹을 수 없어요. 떫은맛을 내는 타닌이라는 성분 때문이에요. 광목이나 무명천에 이 감물을 들이면 타닌 덕분에 천이 빳빳해지고, 때가 잘 타지 않으며, 잘 젖지도 않아요. 젖어도 금방 말라서 빨래가 잘 상하지 않아요. 갈옷은 천을 염색해 옷을 만들지 않고, 먼저 옷을 만든 다음 감즙에 담가 염색을 했어요. 염색을 먼저 하면 옷감이 너무 빳빳해져서 손바느질로 꿰매기가 힘들기 때문이에요.

갈옷은 색깔이 은은하고 시원해서 요즘에도 인기가 있어요. 최근에는 재봉 기술이 좋아져서 먼저 옷감에 감물을 들인 다음 다양한 모양의 옷과 가방 등을 만든답니다.

갈옷 물들이는 순서

❶ 옷에 풋감을 으깨어 묻힌 뒤 주물러요.

❷ 감이 골고루 묻은 옷을 물에 넣고 밟아요.

❸ 감 찌꺼기를 털어낸 뒤 물을 꼭 짜내요.

❹ 강한 햇빛에 잘 말려요.

농업과 어업에서 찾은 전통과학 - 부룩과 독살

우리 조상들은 대부분 농사를 지었어요. 바닷가 사람들은 갯벌에서 조개를 잡거나 물고기도 잡았지만, 대부분은 농사를 지었어요. 조선 시대까지는 농사가 가장 중요한 산업이었으니까요. 그래서 옛날 사람들은 어떻게 하면 농사를 잘 지을까 끊임없이 연구했지요.

벌레의 특성을 이용한 농사법 - 부룩

옛날에 농사는 손이 아주 많이 가는 힘든 일이었어요. 봄에는 논에 물을 끌어와 모내기를 하고, 여름 내내 잡초를 뽑고 해로운 벌레도 쫓아야 했지요. 호시탐탐 벼를 노리는 진딧물, 메뚜기, 애벌레 등을 쫓지 못하면 애써 지은 농사가 헛일이 될 수도 있거든요. 그래서 우리 조상들은 식물 주변에 사는 벌레의 특성을 이용하여 농사를 지었어요.

먼저 논가에 콩을 심었어요. 벼에 붙은 벌레들을 맛있는 콩잎으로 꾀어내기 위해서였지요. 그럼 콩은 어쩌냐고요? 콩은 잎이 너무 많으면 열매가 제대로 열리지 않아요. 벌레들이 적당히 뜯어 먹어야 콩 열매가 더 실하게 달리지요. 이렇게 논가에 콩을 함께 키우는 농사법은 벼도 좋고, 콩도 좋고, 덕분에 사람에게도 좋은 방법이랍니다.

이처럼 농작물 사이에 다른 농작물을 섞어 키우는 법을 부룩이라고 해요. 지금도 시골에 가면 논가에 심은 콩을 볼 수 있어요.

부룩은 식물과 벌레를 잘 관찰하여 알게 된 과학적인 농사법이야.

벼
콩

밀물과 썰물의 차이를 이용한 고기잡이 – 독살

서해안은 밀물과 썰물의 차이가 매우 커서 갯벌이 넓어요. 서해안에서는 이러한 바다의 특성을 이용해 물고기를 잡았어요. 바닷가에 돌담을 쌓아 물고기를 가두어 잡았지요. 이 돌담을 독살이라고 해요.

 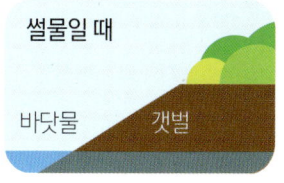

바닷물이 밀려 들어오는 현상을 밀물, 밀려 나가는 현상을 썰물이라고 해요. 밀물 때 물에 잠겼다가 썰물 때 드러나는 점토질의 땅을 갯벌이라고 해요.

갯벌에 만들어 놓은 독살(충청남도 태안)

독살은 육지 쪽으로 오목하게 들어온 갯벌에 돌을 쌓아 만들었어요. 돌담의 높이는 밀물 때 들어온 바닷물의 높이보다는 낮고, 썰물 때보다는 높아요.

밀물이 되면 물고기들이 바닷물과 함께 독살에 들어왔다가 썰물이 되면 물만 빠지고 물고기들은 독살에 갇혀요. 그러면 사람들이 갯벌 위를 걸어가 갇힌 물고기를 주워 왔어요. 정말 쉬운 고기잡이 방법이지요?

지금도 서해안과 남해안, 제주도 일부 지역에는 독살이 남아 있어요. 독살은 처음 짓기가 어려워서 그렇지 한번 만들어 두면 수백 년 동안 쓸 수 있답니다.

독살과 비슷한 고기잡이 방법으로 어살이 있어요. 어살은 얕은 바다나 강에 나무 울타리를 치고, 거기에 그물이나 통발을 달아 물고기를 잡는 방법이에요.

통발

우리 조상들의 지혜

발효
- 세균과 곰팡이 같은 미생물이 음식물을 분해하는 과정에서 맛과 질감 등을 변화시키는 것
- 발효 식품 : 식재료의 처음 상태보다 맛과 영양이 풍부함, 소화 잘됨, 장기간 보관 가능

가마솥
- 아궁이 위에 얹어 밥을 짓는 솥
- 열을 고르게 전달하기 위해 불이 바로 닿는 부분은 두껍고, 불에서 먼 가장자리 부분은 얇음
- 뚜껑이 매우 무겁기 때문에 뜨거워진 수증기가 솥 밖으로 덜 빠져나감 ⋯ 뜨거운 열이 빠져나가지 못하여 솥 안의 압력이 높아짐 ⋯ 높은 온도에서 익힌 밥은 낮은 온도에서 익힌 밥보다 훨씬 맛있음

옹기
- 흙을 구워 만든 용기로, 주로 장을 보관함
- 진흙으로 빚은 그릇에 천연 유약을 바른 뒤 1,200도가 넘는 가마에서 12~48시간 동안 구워 만듦

- 옹기를 구울 때 흙 반죽에 남아 있던 물이 빠져나가면서 눈에 보이지 않는 작은 구멍이 많이 생김 … 공기가 잘 통하여 음식을 오래 보관할 수 있음

한옥과 온돌

- 한옥 : 우리나라는 여름에는 시원한 남동풍이, 겨울에서는 차가운 북서풍이 붊 … 이 특성을 이용해 남향으로 집을 지음 … 여름에는 시원하고 겨울에는 따뜻함
- 처마 : 지붕 가장자리에 길게 빠져 있어 비바람과 뜨거운 햇볕을 막아 줌
- 온돌 : 아궁이에 불을 때서 방을 데우는 난방 구조
- 구들장 : 방바닥 아래 깔린 얇고 넓은 돌로, 불기운에 의해 데워져 방 안을 따뜻하게 함

천연 염색과 갈옷

- 천연 염색 : 쪽을 이용해 푸른색으로 옷감을 염색하는 것
- 갈옷 : 풋감에 있는 타닌 성분을 이용해 주황색으로 염색한 옷

부룩과 독살

- 부룩 : 농작물 사이에 다른 농작물을 섞어 키우는 농사법
- 독살 : 밀물 때 물고기들이 바닷물과 함께 들어왔다가, 썰물 때 물이 빠지면서 물고기만 갇히게 하는 장치

옛날 사람들의 친환경적 생활

옛날에는 환경을 오염시키는 쓰레기가 거의 없었어요. 자연에서 얻은 재료로 물건을 만들어 사용하고, 다 쓰고 버리면 썩어서 자연으로 돌아갔지요.

짚으로 만드는 생활용품

자연에서 얻은 재료 중 우리 조상들이 가장 즐겨 사용한 재료는 짚이에요. 짚은 벼의 낟알을 떨어낸 줄기예요.

옛날에는 다양한 생활용품을 짚으로 많이 만들었어요. 짚은 구하기도 쉽고, 꼬아서 이으면 튼튼하고, 여러 가지 물건을 만들기 좋고, 해지면 거름으로 쓸 수 있으니 쓰임새 좋은 최고의 재료였지요.

도롱이   새끼줄   쌀가마니

짚독   짚방석   짚신

짚은 정말 다양한 곳에 쓰였구나.

똥이 최고!

우리 조상들은 똥오줌도 함부로 버리지 않았어요. 농사에 도움을 주는 거름을 만드는 데 매우 소중한 재료였거든요. 심지어 외출 중에 똥이 마려우면 똥을 밖에서 누지 않고 꾹 참고 얼른 자기 집 뒷간으로 달려갔대요.

똥이 어느 정도 모이면 불을 피우고 남은 재, 외양간에 깔았던 볏짚, 나뭇잎, 쌀겨 등을 섞어 두엄을 만들었어요. 두엄을 잘 썩히면 질 좋은 거름이 되었어요. 작물을 먹고 눈 똥이 거름이 되어 다시 작물을 키우니 쓰레기가 생길 틈이 없었지요.

똥을 가축의 먹이로 쓰기도 했어요. 사람이 눈 똥을 뒷간에 키우는 돼지들에게 돼지 밥으로 주었지요. 지금은 제주도 똥돼지만 유명하지만, 옛날에는 다른 지방에서도 돼지에게 똥을 먹여 키웠어요.

제주도 똥돼지

으악! 똥을 먹는다고?

- 무시무시한 조선의 로켓 무기 - 신기전
- 임진왜란을 승리로 이끈 거북선
- 도르래를 이용해 쌓아 올린 수원 화성

한눈에 쏙 - 나라를 지키기 위한 노력
한 걸음 더 - 전기가 필요 없는 냉장고 : 석빙고

무시무시한 조선의 로켓 무기 – 신기전

신기전은 조선 초기에 만들어진 훌륭한 로켓형 무기예요. 로켓은 우주선을 쏘아 올리는 첨단 과학 아니냐고요? 맞아요. 우리 조상들은 그 첨단 과학 원리를 고려 시대에 이미 알고 있었어요. 고려 시대 말, 최무선이 우리나라 최초의 로켓형 무기인 '주화'를 만들었거든요. 신기전은 이 주화의 성능을 개량한 무기예요.

화약통에 불이 붙으면 가스를 내보내며 쭉쭉 날아가.
화약통

신기전은 긴 화살에 둥그런 화약통이 붙어 있어요. 이 통이 로켓을 앞으로 밀어내는 추진체와 같은 역할을 한답니다.

로켓의 원리

로켓은 연료를 태워서 만든 엄청난 가스를 밑으로 뿜어내며 솟아오르는 비행 물체예요. 그런데 가스가 밑으로 뿜어져 나오면 로켓은 왜 위로 솟아오를까요? 그건 바로 작용 반작용의 법칙 때문이에요. 어떤 힘이 한 방향으로 작용하면 그 반대 방향으로도 같

반작용 가스가 로켓을 위로 밀어내는 힘
작용 로켓이 가스를 아래로 밀어내는 힘

반작용 바닥이 발을 미는 힘
작용 발로 바닥을 미는 힘

은 힘이 작용한다는 법칙이지요.

신기전도 이와 같은 원리를 이용했어요. 화약이 폭발하면서 생기는 가스가 뿜어져 나오면 화살은 반대 방향으로 날아가지요.

신기전의 위력은 어느 정도였을까?

신기전은 먼 곳까지 단숨에 날아가는 무기였어요. 가장 큰 대신기전은 1킬로미터 이상, 중신기전과 소신기전은 150~200미터 정도 날아갔지요.

신기전은 폭발력이 아주 강하지는 않았어요. 하지만 목표 지점에서 엄청난 폭발음을 내기 때문에 적들이 무서워서 벌벌 떨었지요.

신기전의 화살 부분은 대나무로, 화약통은 한지로 만들었어요. 그리고 뒤에 가스를 내보낼 구멍을 뚫었지요. 화약통 앞에는 폭탄인 발화통이 있었는데, 이 부분은 목표 지점에 도착할 때쯤 터졌어요.

신기전을 더 강력하게 만들어 준 화차

화차는 수레 위에 화약 무기 발사대를 얹은 무기예요. 손잡이 높이에 따라 각도 조절이 가능하여 발사 정확도가 높았어요. 또한 손수레처럼 끌고 다닐 수 있어서 무척 편리했어요.

조선의 제5대 왕 문종은 신기전 100발을 한꺼번에 발사할 수 있는 화차를 직접 만들었어요. 화차는 임진왜란 3대 전투 중 하나인 행주 대첩 때 크게 활약했어요. 전쟁이 끝난 뒤 권율 장군이 '뛰어난 화차가 있었기에 이겼다'고 말했을 정도이지요.

 임진왜란을 승리로 이끈 거북선

거북선은 임진왜란 때 활약한 조선의 전투함이에요. 임진왜란은 1592년 일본이 조선을 침략하여 1598년까지 7년 동안 싸운 전쟁이지요.

임진왜란이 막 일어났을 때 조선군은 번번이 왜군에게 졌어요. 하지만 전국에서 백성들이 뜻을 모아 조직한 군대인 의병대가 들고일어나 싸우고, 이순신 장군이 바다에서 승리를 거듭하면서 결국 일본군을 몰아냈어요. 이때 사용한 배가 바로 거북선이에요. 거북선은 조선 수군의 전투용 배인 판옥선을 개량하여 만들었어요.

조선의 대표 전투함 - 판옥선

판옥선은 임진왜란이 일어나기 37년 전에 만들어진 조선의 전투함이에요. 조선을 자주 쳐들어오던 왜구를 막기 위해 만들었어요. 판옥선은 윗부분을 넓게, 아랫부분을 좁게 설계하여 2층 구조로 만들었어요. 그리고 갑판*을 높게 만들어 왜군들이 기어오르지 못하게 했답니다.

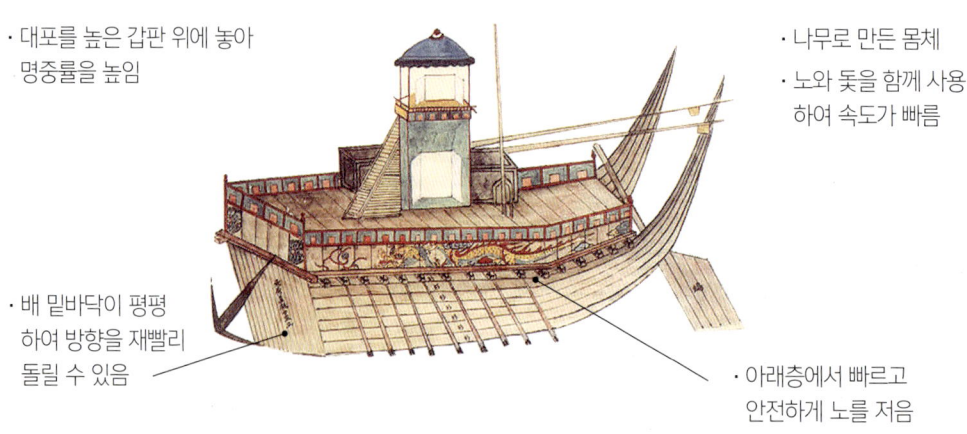

- 대포를 높은 갑판 위에 놓아 명중률을 높임
- 배 밑바닥이 평평하여 방향을 재빨리 돌릴 수 있음
- 나무로 만든 몸체
- 노와 돛을 함께 사용하여 속도가 빠름
- 아래층에서 빠르고 안전하게 노를 저음

★ 갑판 큰 배 위에 나무나 철판으로 깔아 놓은 넓고 평평한 바닥

조선 최고의 전투함 - 거북선

거북선은 임진왜란이 일어나기 직전에 이순신 장군이 만들었어요. 판옥선에 왜군을 막기 위한 장치를 더한 거예요.

판옥선의 갑판을 없애고 거북이 등처럼 생긴 덮개로 윗부분을 완전히 덮었어요. 양쪽 옆으로는 대포를 쏘는 구멍을 뚫고, 앞에는 용머리를 달았어요. 용머리와 꼬리 부분에도 포를 쏘는 구멍을 뚫었어요. 왜군들은 사방으로 대포를 펑펑 쏘아 대며 바다를 누비는 거북선을 보기만 해도 무서워 벌벌 떨었을 거예요.

거북선 모형

- 임진왜란 때 활약한 거북선은 3~5척
- 두꺼운 소나무로 몸체를 만들어 왜군의 조총과 화살을 막음

갑판 위에 덮개를 씌우고 등에 철침을 꽂아 왜군이 오르지 못하게 막음

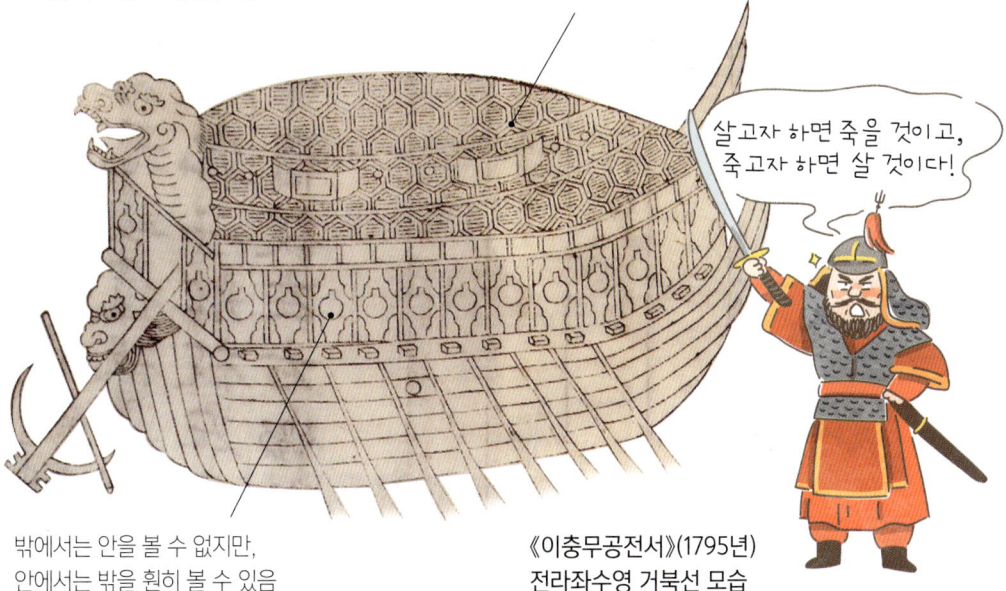

밖에서는 안을 볼 수 없지만, 안에서는 밖을 훤히 볼 수 있음

《이충무공전서》(1795년) 전라좌수영 거북선 모습

살고자 하면 죽을 것이고, 죽고자 하면 살 것이다!

나라를 지키기 위한 노력 • 39

도르래를 이용해 쌓아 올린 수원 화성

수원에 가면 웅장하고 근사한 성이 있어요. 조선의 제22대 왕 정조(1752~1800년)의 명으로 수원에 쌓은 화성이에요.

화성은 전쟁 시에도 성을 지킬 수 있도록 다양한 방어 시설을 갖추고 있어요. 특히 엄청나게 큰 돌을 쌓아 튼튼한 성곽을 만들었어요. 가로 1.5미터, 세로 1미터, 무게는 2톤이나 되는 돌이에요.

도대체 무슨 수로 그렇게 큰 돌을 들어 올려서 차곡차곡 쌓았을까요? 바로 도르래의 원리를 이용했답니다.

도르래의 원리

도르래는 적은 힘으로 무거운 물건을 들어 올릴 수 있는 도구예요. 종류로는 고정 도르래, 움직 도르래, 복합 도르래 등이 있어요.

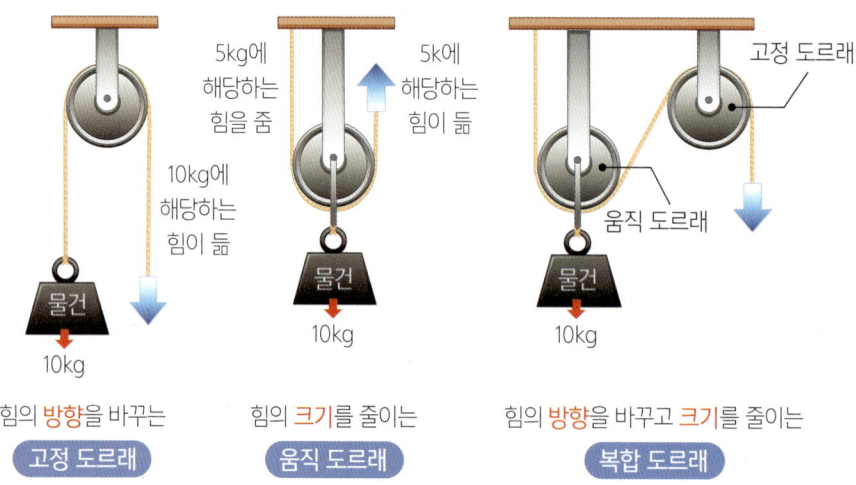

고정 도르래는 줄의 중심이 되는 축이 고정되어 있는 도르래예요. 물건을 들어 올릴 때 힘의 방향을 바꿔 주지요. 하지만 힘의 크기를 줄이지는 못해요. 엘리베이터, 국기 게양대, 두레박 등에 사용되는 원리예요.

움직 도르래는 축이 고정되어 있지 않고 이동하는 도르래예요. 물건을 들어 올릴 때 힘이 2분의 1, 즉 반으로 줄어들어요. 움직 도르래가 2개면 힘은 4분의 1로 줄어들어요. 도르래가 늘어날수록 무거운 물건을 더 쉽게 들어 올릴 수 있지요.

복합 도르래는 고정 도르래와 움직 도르래를 모두 사용한 장치예요. 고정 도르래로 힘의 방향을 바꾸고, 움직 도르래로 힘의 크기를 줄여서 무거운 물건을 쉽게 들어 올릴 수 있어요.

도르래의 원리를 이용한 거중기와 녹로

거중기는 도르래를 여러 개 달아 힘의 방향을 바꾸고, 힘의 크기도 줄여 주었어요. 거중기에는 모두 12개의 도르래가 쓰였어요. 고정 도르래 6개, 움직 도르래 4개, 양쪽 물레에 연결한 큰 고정 도르래 2개예요. 여러 사람이 양쪽에서 물레를 돌리면 무거운 돌덩이가 위로 올라갔답니다.

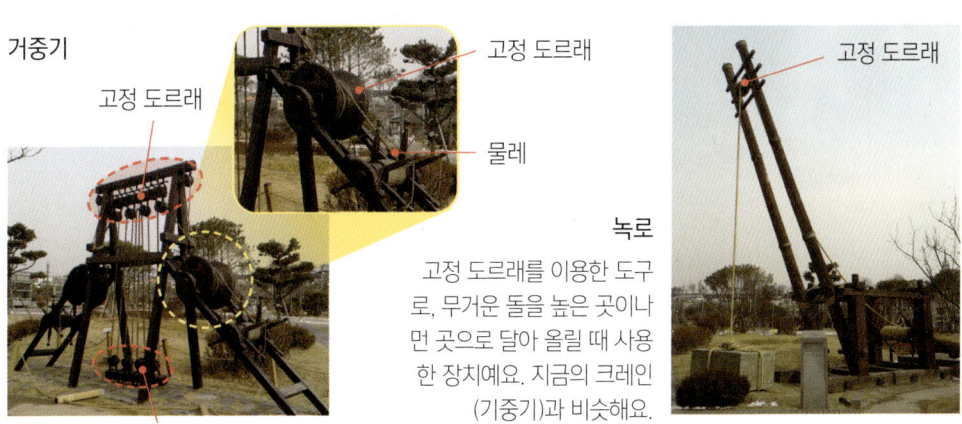

거중기
고정 도르래
고정 도르래
물레
움직 도르래

녹로
고정 도르래를 이용한 도구로, 무거운 돌을 높은 곳이나 먼 곳으로 달아 올릴 때 사용한 장치예요. 지금의 크레인(기중기)과 비슷해요.

고정 도르래

나라를 지키기 위한 노력

신기전

- 조선 초에 만든 로켓형 무기
- 대신기전은 1킬로미터 이상, 중신기전과 소신기전은 150~200미터 날아감
- 작용 반작용의 법칙 : 어떤 힘이 한 방향으로 작용하면, 그 반대 방향으로도 같은 힘이 작용함
- 신기전은 화살에 달린 화약통 밑으로 가스가 뿜어져 나와(작용) 화살이 반대 방향으로 날아감(반작용)
- 화차 : 수레 위에 화약 무기 발사대를 얹은 무기, 손잡이 높이에 따라 각도 조절이 가능하여 발사 정확도가 높음

판옥선

- 임진왜란 전부터 있었던 조선의 일반적인 전투함
- 특징
    - 나무로 만들었으며, 노와 돛을 함께 사용하여 속도가 빠름
    - 아래층에서 빠르고 안전하게 노를 저을 수 있음
    - 대포를 높은 갑판 위에 놓아 명중률을 높임

- 배 밑바닥이 평평하여 방향을 재빨리 돌릴 수 있음

거북선

- 임진왜란 직전에 이순신이 만든 전투함으로, 판옥선을 개량하여 만듦
- 특징
  - 용머리와 꼬리, 양옆에서 사방으로 대포를 쏘아 댐
  - 갑판 위에 덮개를 씌우고 등에 철침을 꽂음
  - 몸체를 두꺼운 소나무로 만들어 왜군의 조총과 화살을 막음
  - 밖에서는 안을 볼 수 없지만, 안에서는 밖을 훤히 볼 수 있음

거중기

- 수원 화성을 쌓을 때 사용한 도구로, 도르래의 원리를 이용함
- 도르래 : 바퀴에 홈을 파고 줄을 걸어서 돌려 물건을 움직이는 장치
- 고정 도르래 : 줄의 중심이 되는 축이 고정되어 있는 도르래로, 물건을 들어 올릴 때 힘의 방향을 바꿔 줌
- 움직 도르래 : 축이 고정되어 있지 않고 이동하는 도르래로, 물건을 들어 올릴 때 힘이 반으로 줄어듦
- 복합 도르래 : 고정 도르래와 움직 도르래를 모두 사용한 장치로, 힘의 방향을 바꾸고 힘의 크기를 줄일 수 있음

한 걸음 더!

전기가 필요 없는 냉장고 : 석빙고

석빙고는 돌로 만든 얼음 창고예요. 옛날에는 한겨울에 강물이 꽁꽁 얼면 얼음을 캐다가 석빙고에 넣어 둔 다음, 여름에 꺼내 썼어요. 더운 여름 동안 얼음을 녹지 않게 보관할 수 있는 비결은 무엇이었을까요?

석빙고의 원리

석빙고의 내부는 언제나 서늘해요. 내부 구조상 바깥에서 열이 잘 들어오지 못하고, 들어온 열은 빨리 빠져나가기 때문이에요.

아치형*의 둥근 천장에는 환기 구멍이 뚫려 있어서 더운 공기가 위로 잘 빠져나갔어요. 더운 공기는 위로, 차가운 공기는 아래로 향하는 성질이 있거든요. 지붕에는 진흙과 돌을 이중으로 쌓았어요. 바깥쪽에는 잔디를 심어 지표면이 뜨거워지지 않도록 했어요. 얼음이 녹은 물은 바닥에 있는 배수로를 통해 금세 밖으로 빠져나갔어요.

석빙고 입구와 날개벽
한쪽 벽을 수직으로 돌려서 찬 바람이 석빙고 안쪽으로 잘 들어오게 만들었어요.

★ **아치형** 활과 같은 곡선으로 된 형태나 형식

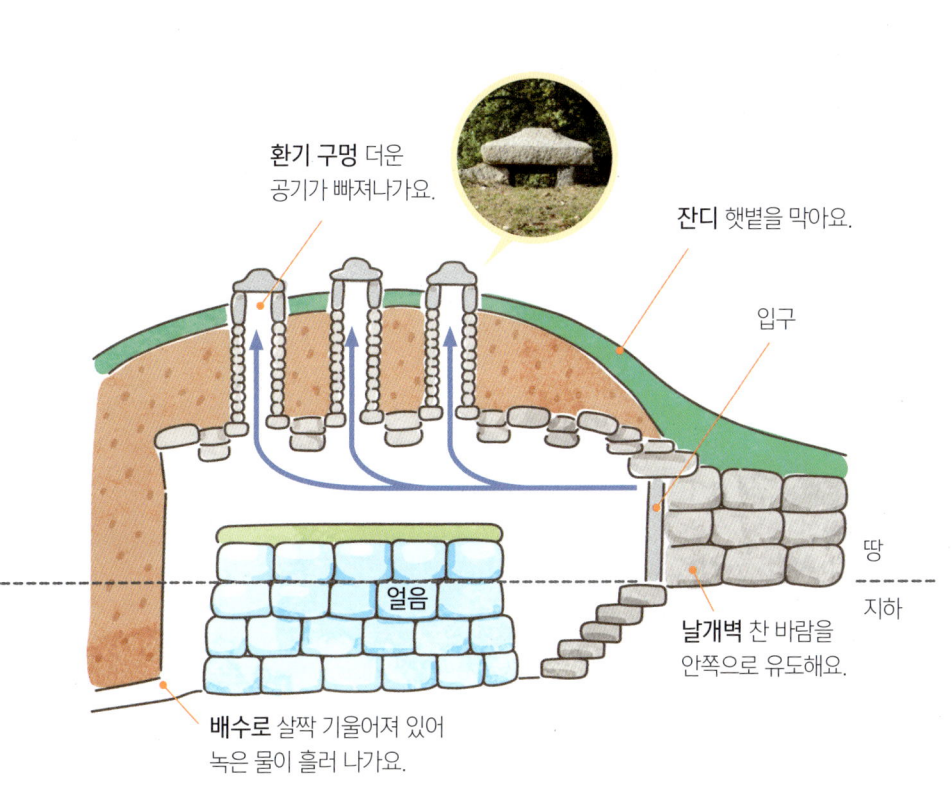

언제부터 얼음 창고를 만들었을까?

얼음 창고에 대한 기록은 삼국 시대의 역사를 기록한 《삼국유사》에 나와요. 신라의 제3대 왕인 유리왕 때 얼음 창고를 지었다고 해요.
현재 남아 있는 얼음 창고는 7개예요. 가장 완벽하게 보존된 경주 석빙고를 비롯하여 안동, 영산, 창녕, 청도, 현풍, 그리고 북한 해주에 남아 있어요.

- 고인돌과 고분에 그려진 별자리
- 동양에서 가장 오래된 천문대 – 첨성대
- 하늘을 그린 지도 – 천상열차분야지도
- 백성을 위한 시계 – 앙부일구와 자격루
- 우리나라 최초의 달력 –《칠정산》

한눈에 쏙 – 하늘을 관찰하며 발견한 과학
한 걸음 더 – 동서양의 기술로 만든 혼천시계
　　　　　　　 비의 양과 강물의 높이를 재는 측우기와 수표

 ## 고인돌과 고분에 그려진 별자리

사람들은 아주 오래전부터 해와 달, 별을 관찰하고 그 안에서 법칙을 찾아 연구했어요. 이것을 천문학이라고 해요. 천문학은 인류의 가장 오래된 학문 중 하나예요.

고인돌에 새겨진 별자리

고인돌은 크고 넓적한 덮개돌을 받침돌 위에 얹은 거대한 구조물이에요. 주로 청동기 시대에 만들어졌어요. 지배층의 무덤이나 종교 행사에서 제단으로 쓰였을 거라고 알려졌어요. 우리나라에는 특히 고인돌이 많아요. 이러한 고인돌을 자세히 살펴보면 우리 조상들이 청동기 시대부터 천문을 관측했다는 증거가 남아 있어요.

고인돌 중에는 덮개돌에 수상한 구멍이 퐁퐁 패인 것이 있어요. 고인돌 밑에서 여러 개의 구멍이 패인 돌판이 나오기도 했지요. 이 구멍들을 이어 보니 별자리와 비슷한 모양이었어요. 특히 큰곰자리의 북두칠성이 새겨진 고인돌을 많이 발견했답니다.

충청북도 청원 아득이 고인돌 유적지에서 발견한 덮개돌로, 여러 별자리가 새겨져 있어요.

고구려 고분 벽화에 그려진 별자리

 삼국 시대에는 천문학이 매우 발달했어요. 삼국의 역사를 기록한 《삼국사기》와 《삼국유사》에는 고구려, 백제, 신라에서 해와 달, 혜성, 유성 등을 관찰한 기록이 220회 이상 적혀 있어요.

 고구려 천문학의 흔적은 옛 무덤인 고분에 많이 남아 있어요. 고구려 사람들은 무덤 안에 해와 달, 별자리 등을 새겼어요. 특히 북두칠성은 고구려 사람들이 가장 숭배하던 별자리예요.

 지금까지 발견된 약 100기의 고구려 무덤 중 약 4분의 1에 별자리 그림이 그려져 있답니다.

평안남도 대동군 덕화리 2호 고분
해와 달, 별, 구름을 비롯한 28개의 별자리가 방 안을 빙 둘러 그려져 있어요.

평안남도 강서군 약수리 고분
무덤의 주인인 부부의 모습과 북쪽을 지키는 현무의 모습 위로 북두칠성이 그려져 있어요.

TIP 청동기 시대와 천문 관측

청동기 시대는 청동으로 도구를 만들던 시대예요. 마을을 이루고, 가축을 기르고, 농사를 지으며 살았어요. 본격적으로 농사를 시작하면서 씨 뿌릴 시기를 예측하기 위해 하늘을 열심히 관찰했답니다.

동양에서 가장 오래된 천문대 – 첨성대

경주 첨성대

첨성대는 신라의 천문대예요. 천문대란 천문 현상을 관측하고 연구하기 위해 설치한 시설이지요. 기록에 따르면 삼국 시대에는 천문 관측이 활발했지만 남아 있는 유물은 첨성대뿐이랍니다.

첨성대는 신라의 수도인 경주에 있어요. 《삼국유사》에 따르면 선덕 여왕 말기인 647년에 지었다고 해요. 첨성대는 현재 남아 있는 천문대 중 동양에서 가장 오래된 천문대예요.

첨성대는 네모난 기단석 위에 돌을 둥글게 쌓아 올렸어요. 이 모양은 당시의 천문학에서 생각하는 '하늘은 둥글고 땅은 네모나다'는 우주관과 같지요.

첨성대의 높이는 9.07미터이며, 내부는 창 밑부분까지 막돌*로 차 있어요. 옛 기록에 따르면 사다리를 타고 네모난 창으로 들어가 꼭대기에서 하늘을 관찰했다고 해요.

각각의 면이 동서남북 방향과 맞아떨어져요.

창 주변에 사다리를 걸쳐 놓은 흔적이 남아 있어요.

9.07m

기단석

★ **막돌** 쓸모없이 아무렇게나 생긴 돌

첨성대는 진짜로 천문대였을까?

현대의 천문대는 주로 높은 산 위에 있어요. 별을 더 잘 관찰하기 위해서지요. 하지만 첨성대는 평지에 있어요. 높이가 아주 높지도 않지요. 그래서 몇몇 학자들은 이 건축물이 천문대가 아니라, 제사를 지낼 때 사용한 건물일 것이라고 추측하기도 해요.

하지만 경주에 세워진 첨성대는 고려의 천문대로 알려진 개성 첨성대와 서울에 있는 관천대에 비하면 훨씬 높으므로 천문대라고 보는 의견이 많답니다.

창경궁에 있는 관천대로, 높이가 3미터예요.

신라의 천문 기록을 보면, 첨성대가 세워진 이후의 유성에 대한 기록은 모두 첨성대 주위에 떨어진 유성이었어요. 첨성대에서 별을 관찰했기 때문이지요. 또한 첨성대가 세워진 이후 신라의 천문 기록이 그 전에 비해 10배나 늘어났어요. 특히 행성이 달 뒤로 숨는 현상이나 별똥별이 갑자기 나타났다 사라진 현상처럼 매일 규칙적으로 관찰해야 알 수 있는 기록이 많아졌어요. 그러므로 첨성대는 천문대가 맞다는 주장이 훨씬 많답니다.

TIP

백제의 천문학

백제에서도 천문학이 발달했을 것으로 추측하고 있어요. 남아 있는 유물은 없지만 기록이 남아 있거든요. 백제는 일본 왕의 요청을 받아 천문학 박사와 천문학 관련 책을 일본에 보내 주었어요. 백제의 몇몇 천문학자들은 나라가 멸망한 뒤 일본으로 건너갔어요. 그들은 백제의 과학 기술로 일본에 점성대라는 천문대를 세우고 천체 관측을 가르쳐 주었답니다.

 하늘을 그린 지도 – 천상열차분야지도

천상열차분야지도는 조선 태조 때 만들어진 천문도예요. 천문도란 별의 위치를 그린 하늘의 지도예요. 커다란 검은색 대리석에 1,467개의 별을 새겼지요. 북반구★에서 맨눈으로 관찰할 수 있는 거의 모든 별이 새겨져 있어요. 조선 초의 천문학 수준이 상당히 높았다는 증거지요.

태조 이성계는 왜 천상열차분야지도를 만들었을까?

천상열차분야지도는 1395년에 만들어졌어요. 태조 이성계가 조선을 세울 때, 조선 왕조의 정통성을 널리 알리고 왕의 권위를 높이기 위해 만든 것이지요.

당시에는 이성계가 하루아침에 고려 왕조를 무너뜨리고 조선을 세웠기 때문에 이성계를 반대하는 세력이 많았어요. 그래서 자신은 하늘의 뜻을 아는, 하늘이 정한 왕이라는 것을 밝히려고 하늘 지도를 제작했어요.

천상열차분야지도의 가치는?

천상열차분야지도는 현재 남아 있는 돌에 새긴 천문도 중 세계에서 두 번째로 오래된 문화유산이에요. 하지만 긴 세월 속에서 보존이 제대로 이루어지지 않아 지금은 흐릿하게 보여요. 다행히 숙종 때 만든 복각본★

★ **북반구** 남극과 북극의 중간 지점을 경계로 지구를 위아래로 나눴을 때 북쪽 부분
★ **복각본** 판을 똑같이 만들어 종이에 찍은 인쇄물

이 선명하게 남아 있어서 원래 모습을 살펴볼 수 있답니다.

　천상열차분야지도는 고구려의 천문도를 기준으로 만들었다고 해요. 고구려의 천문도를 이어받았다고 알린 것은 조선 왕조의 정통성을 강조하기 위해서였을 거예요.

　현재까지 전해지는 가장 오래된 석각 천문도는 중국의 순우천문도(1247년)인데요. 일부 학자들은 천상열차분야지도의 기준이 된 천문도가 중국의 것일 수도 있다고 주장해요. 하지만 그 당시 중국이 관측한 방법과 자료 등에 차이점이 많아요. 또한 기록에 따르면 천상열차분야지도를 만들 때 천문 관측을 새로 했어요. 참고했던 천문도 속 별의 위치가 세월이 흐르면서 변했기 때문이에요. 그래서 서운관*의 천문학자 유방택 등이 별자리의 위치를 다시 관측하여 그렸답니다.

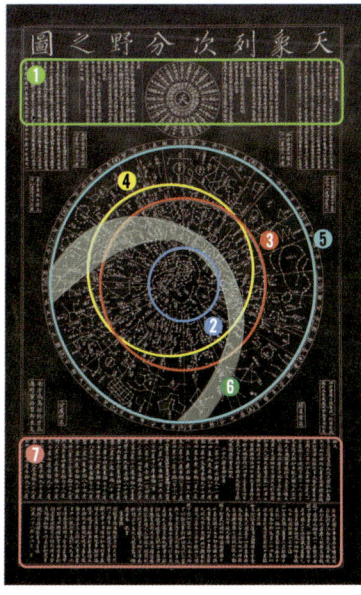

천상열차분야지도

❶ 우주 및 별자리에 대한 설명
❷ 1년 내내 볼 수 있는 별자리
❸ 위도의 기준선인 적도
❹ 태양이 지나는 길인 황도
❺ 눈으로 확인 가능한 별자리 한계선을 북극을 중심으로 동그랗게 그림
❻ 은하수
❼ 조선 건국의 정당성 및 제작 과정 등 설명

★ **서운관** 조선 초기에 천문을 관측하던 기관으로, 세종 때 관상감으로 이름을 바꿈

백성을 위한 시계 – 앙부일구와 자격루

신라 해시계의 일부분

최초의 시계는 그림자로 시간을 알아보는 해시계였어요. 우리 조상들도 수천 년 전부터 해시계를 썼어요.

가장 오래된 해시계 유물은 신라의 해시계 조각이에요. 해시계는 해가 지면 시간을 알 수 없다는 단점이 있어요. 그래서 저녁에는 물시계를 사용했어요. 삼국 시대에는 각루, 누각으로 불리는 물시계를 썼다는 기록이 남아 있지요.

빛의 성질을 이용한 해시계 – 앙부일구

조선 세종 때 만들어진 앙부일구는 둥근 하늘의 모습인 천구를 본떠 만든 오목한 모양의 해시계예요. 영침이라는 시곗바늘의 그림자로 시간을 알 수 있어요. 영침의 끝부분은 북극을 가리켜요.

앙부일구에는 시각을 나타내는 세로선이 7개 그려져 있어요. 해시계는 해가 지면 그림자가 생기지 않아 사용할 수 없어요. 그래서 밤 시각은 표시하지 않았으므로 시각 표시가 7개뿐이에요. 가로로는 13개의 절기를 나타내는 선이 그려져 있어요. 계절마다 태양의 높이가 달라서 그림자의 길이도 달라지는데요, 이 원리를 이용해 해시계에 절기를 표시한 거예요. 시각을 상징하는 열두 띠 그림을 그려 넣어 글자를 잘 모르는 사람도 시계를 볼 수 있었답니다.

★ **절기** 1년을 24로 나눈 것으로, 계절의 표준이 됨

스스로 시간을 알리는 물시계 - 자격루

자격루는 조선 세종 때 만든 물시계로, 스스로(自 스스로 자) 친다(擊 칠 격)는 뜻을 가지고 있어요. 즉, 자동이란 소리지요.

자격루는 시간을 측정하는 물시계와 일정한 시간이 되면 소리로 알려 주는 알람 장치를 합친 획기적인 자동 시계예요. 세종의 명으로 1434년 장영실, 이천, 김조 등이 힘을 모아 만들었지요.

물시계는 물의 운동을 이용해 시간을 알아냈어요. 큰 항아리에 하루치 물을 채우면 밑에 난 구멍으로 물이 일정하게 흘러나와 작은 항아리를 거친 뒤, 수수호를 채워요. 수수호에 물이 차오르면 잣대가 올라가며 구슬이 떨어져요. 구슬이 굴러가면 인형을 건드리게 되는데, 이때 인형이 종과 북을 쳐서 시각을 알렸답니다.

창경궁에 보존 중인 수수호

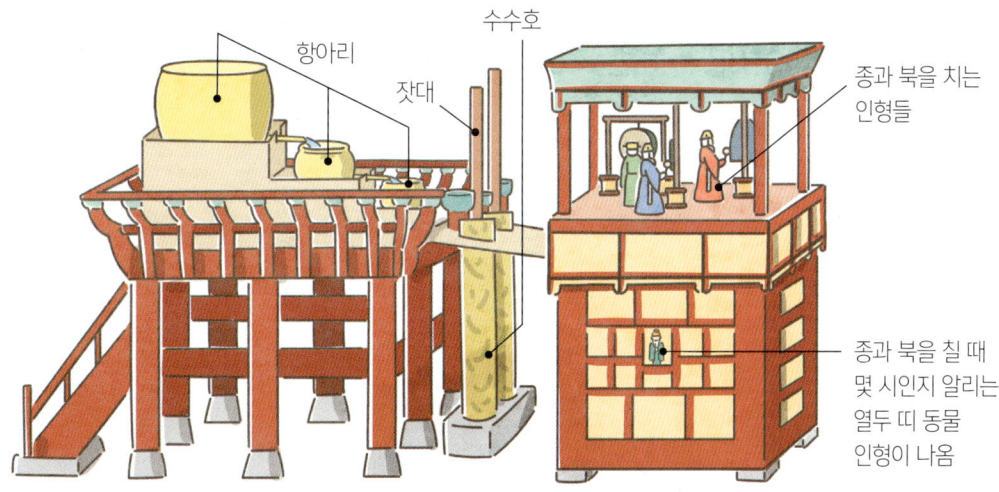

우리나라 최초의 달력 - 《칠정산》

《칠정산》은 조선 세종 때 만든 우리나라 최초의 달력이에요. 정확히 말하면 달력을 만드는 원리를 설명한 책이지요.

우리나라는 삼국 시대부터 중국의 달력 체계를 사용했어요. 그런데 왜 세종은 달력을 따로 만들었을까요?

세종이《칠정산》을 만든 이유

달력은 해와 달, 지구, 여러 행성의 운동 주기 등을 관측하고 계산하여 연, 월, 일을 정한 거예요. 하지만 중국의 달력은 우리나라의 시간과 잘 맞지 않았어요. 중국 베이징에서 관측한 자료를 이용했기 때문이지요.

우리 조상들은 고려 시대부터 우리 땅을 기준으로 만든 달력을 만들고 싶어 했어요. 하지만 천체를 관측하여 날짜를 계산하는 '역법'에 대해 잘 알지 못했어요.

결국 세종은 우리나라를 기준으로 한 달력을 만들기로 했어요. 천문 관측을 정확하게 할 수 있는 기구를 새로 만들고, 복잡한 천문 계산을 할 수 있는 과학자를 뽑았어요.

세종의 아낌없는 지원 속에서 과학자들이 10년 동안 노력한 결과, 조선의 수도인 한양을 기준으로 한 역법서 《칠정산》을 완성했답니다.

《칠정산》은 '7개 행성의 움직임을 계산한 책'이란 뜻이에요. '칠정'은 해, 달, 수성, 금성, 화성, 목성, 토성을 뜻하고 '산'은 계산을 뜻하지요. 우리 조상들은 《칠정산》을 이용해 달이 태양을 가리는 일식, 달이 지구의 그림자에 가려지는 월식, 날짜와 계절 등을 정확하게 예측했어요.

《칠정산》 내편과 외편

《칠정산》은 내편과 외편으로 구성되었어요. 내편은 원나라와 명나라의 역법을 참고하여 한양에서 관측한 자료로 계산해 만든 책이에요. 외편은 당시 가장 뛰어나다고 여기던 아라비아 역법을 이용해 만든 책이에요. 내편과 외편을 이용해 계산한 1년은 약 365.24일이에요. 지금 우리가 1년으로 정하고 있는 일수와 매우 가까운 값이랍니다.

TIP 비밀 달력이었던 《칠정산》

《칠정산》은 제목만 보면 달력을 만드는 책이라는 걸 알 수 없어요. 당시에는 중국 황제만 달력을 만들 수 있었기 때문에 《칠정산》은 비밀문서였어요. 중국의 영향력 아래에 있던 조선이 독자적인 달력을 펴내면 중국 황제에게 반하는 것으로 여겼을 테니까요. 그래서 《칠정산》이라는 이름으로 역법책임을 숨긴 거랍니다.

하늘을 관찰하며 발견한 과학

고인돌과 고분에 그려진 별자리
- 고인돌 : 크고 넓적한 덮개돌을 받침돌 위에 얹은 거대한 구조물, 청동기 시대 유물로 당시 지배층의 무덤이나 제단으로 사용함
- 고인돌 중에는 별자리가 새겨진 것이 있음
- 고구려인들의 옛 무덤인 고분 안에 해, 달, 별 등이 그려져 있음

첨성대
- 신라의 천문대로, 천문 현상을 관측하고 연구하기 위해 설치함
- 현재 남아 있는 천문대 중 동양에서 가장 오래됨
- 당시에는 음력을 기준으로 하여 1년을 362일로 여겼기 때문에 첨성대 몸체에 약 362개의 돌을 사용함
- 사다리를 타고 네모난 창으로 들어가 꼭대기에서 하늘을 관찰함
- 첨성대가 세워진 이후에 신라의 천문 기록이 많이 늘어남

천상열차분야지도
- 1395년 조선 태조 때 만들어진 천문도
- 조선 왕조의 정통성을 널리 알리고 왕의 권위를 높이기 위해 만듦
- 커다란 검은색 대리석에 1,467개의 별을 새김

앙부일구
- 조선 세종 때 만들어진 해시계로, 둥근 하늘의 모습인 천구를 본떠 만듦
- 영침 : 시곗바늘 역할을 하며 북극을 가리킴
- 시각을 알리는 7개의 세로선이 그려져 있고, 절기를 알리는 13개의 가로선이 그려져 있음

자격루
- 조선 세종 때 만들어진 물시계로, 1434년 장영실, 이천, 김조 등이 만듦
- 일정한 시간이 되면 소리로 알려 주는 알람 장치도 있었음
- 큰 항아리에 하루치 물을 채움 ⋯▶ 밑에 있는 구멍으로 물이 일정하게 흘러나와 작은 항아리를 거침 ⋯▶ 기다란 수수호에 물이 차서 잣대가 올라가고 구슬이 떨어짐 ⋯▶ 굴러간 구슬이 인형을 건드려 소리를 냄

《칠정산》
- 조선 세종 때 만든 우리나라 최초의 달력
- 당시 사용하던 중국의 달력은 우리나라의 시간과 잘 맞지 않아 우리 땅을 기준으로 새로 만듦

동서양의 기술로 만든 혼천시계

예부터 동양에서는 둥근 하늘이 평평한 땅을 덮고 있다(천원지방설)고 생각했어요. 아니면 우주는 달걀처럼 생겼다고 생각했지요. 알의 껍질은 하늘이고 땅은 노른자처럼 둥둥 떠 있다고요. 이때에도 땅은 평평하다고 생각했어요. 우리 조상들은 언제부터 지구가 둥글다는 것을 알았을까요?

천원지방설은 하늘은 둥글고 땅은 네모나다는 설이에요.

조선에 들어온 서양의 천문학

17세기 초 조선에 서양의 지식이 들어왔어요. 천리경(망원경), 자명종(시계) 등의 기계와 함께 지구는 둥글다는 지식도 전해졌지요.

처음에는 지구가 둥글다는 것을 믿지 못하는 사람이 많았어요. 하지만 17세기 후반 실학자들을 중심으로 지구가 둥글다는 사실을 많이 받아들였답니다.

동양과 서양 천문학의 만남

1669년 송이영이라는 천문학자는 동양의 시계 혼천의와 서양의 시계 자명종의 원리를 합하여 혼천시계를 만들었어요. 혼천의는 고대 중국에서 천체의 운행과 위치를 관측하던 장치예요. 이것을 자명종 속에 있는 톱니바퀴에 연결하여 혼천시계를 만든 것이지요.

그 전까지 조선에서 만든 시계는 햇빛, 물 등 자연물을 이용한 것이었어요. 그러나 혼천시계의 등장으로, 조선에도 추의 운동과 톱니바퀴를 회전시켜 움직이는 기계식 시계가 탄생했답니다.

혼천의
태양과 달의 운행을 보여 주는 달력의 역할을 했어요. 가운데에 동그란 지구를 넣고, 북극 축에 톱니바퀴를 연결했어요.

톱니바퀴

시보 장치
시계판에 해당하며, 12개의 시계침(시패)이 있어요.

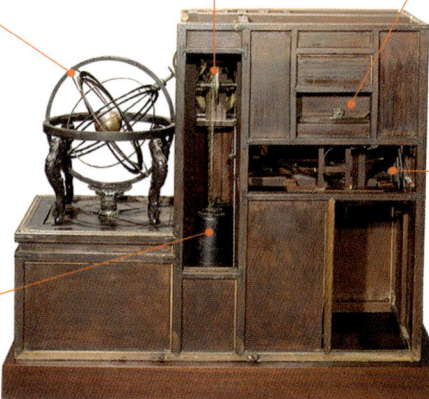

구슬 장치
특정 시간이 되면 구슬이 아래로 떨어지면서 종을 치도록 신호를 보내요.

추
중력을 받아 내려갈 때 톱니바퀴를 돌려요.

비의 양과 강물의 높이를 재는 측우기와 수표

농사짓는 사람들에게 가장 중요한 것은 날씨, 특히 비예요. 비가 언제, 얼마만큼 올지 예측할 수 있다면 홍수나 가뭄에 대비할 수 있으니까요. 그래서 우리 조상들은 비와 관련된 기구인 측우기와 수표를 만들었답니다.

강우량을 정확하게 재는 측우기

옛날에는 땅을 파서 비가 얼마나 깊이 스몄는지를 측정했어요. 이 방법은 땅이 얼마나 말랐는지 젖었는지, 모래땅인지 진흙땅인지에 따라 결과가 달랐기 때문에 정확하지 않았지요.

세종의 큰아들인 세자(문종)는 강우량을 정확하게 잴 방법을 연구했어요.

그러던 어느 날, 좋은 아이디어를 생각해 냈어요. 구리로 원통 모양의 그릇을 만들어 빗물을 받은 뒤, 비가 그치면 자를 넣어 물의 깊이를 재는 방법이었지요. 이렇게 만든 기구가 1441년 세계 최초로 만들어진 강우량 측정 기구 측우기예요. 조선에서는 측우기의 발명 이후 약 100년 동안이나 강우량을 측정하

여 기록했어요. 그 후 임진왜란으로 잠시 중단되었다가 1770년 영조 때 다시 측우기를 만들어 강우량을 쟀지요. 그 이후 현재까지 약 250년 동안 강우량을 기록하고 있어요.

이 기록은 우리나라뿐 아니라 세계의 기상 변화를 예측할 수 있는 귀중한 기록이랍니다.

강물의 높이를 재는 수표

조선 초기의 과학자들은 강물의 높이를 재기 위해 수표도 만들었어요. 수표는 강바닥에 눈금이 있는 기둥을 세워 강물이 얼마나 높아졌는지 확인하는 기구예요. 수표 덕분에 강물이 얼마 이상 차오르면 얼른 피할 수 있었답니다. 수표는 한강과 청계천에 세웠어요.

수표에는 1척(주척, 21센티미터)에서 10척까지의 눈금이 새겨져 있어요. 뒷면에는 물이 적은지, 보통인지, 많은지 쉽게 확인할 수 있도록 3, 6, 9척에 따로 표시를 해 두었답니다.

《무구 정광 대다라니경》과 한지

옛날에는 책이 매우 귀했어요. 지금처럼 인쇄술이 발달하지 않아서 한꺼번에 여러 권을 찍을 수 없었거든요. 책을 만들려면 한 글자, 한 글자 베껴 써야 했지요. 그러다가 중국 당나라에서 나무 판에 글자나 그림을 새겨 찍어 내는 목판 인쇄술을 개발했어요. 우리나라는 언제부터 목판 인쇄술을 이용했을까요?

우연히 발견된 《무구 정광 대다라니경》

목판 인쇄술은 당나라 현종 때(재위 712~756년) 시작되었어요. 우리나라도 비슷한 시기에 목판 인쇄술이 발달했어요. 그 증거가 바로 불국사 석가탑 안에서 발견된 《무구 정광 대다라니경》이에요. 석가탑은 751년에 세워졌으니까, 우리나라는 그 전부터 목판 인쇄술을 사용했음을 알 수 있어요. 《무구 정광 대다라니경》은 현재까지 남아 있는 목판 인쇄본 중 세계에서 가장 오래된 것이랍니다.

석가탑

《무구 정광 대다라니경》은 약 6.5센티미터 폭에, 전체 길이가 약 640센티미터인 경전이에요. 두루마리 형식으로 돌돌 말린 채 석가탑 속에 들어 있었지요.

'무구 정광'은 한없이 맑고 깨끗한 빛이라는 뜻이고, '다라니경'은 부처님 말씀을 적은 경전이라는 뜻이랍니다.

《무구 정광 대다라니경》

오랜 세월을 버틴 전통 한지

《무구 정광 대다라니경》은 만든 지 1,200년도 더 지난 책이에요. 그런데 어떻게 이 긴 시간이 지나도록 삭아 없어지지 않았을까요? 그건 바로 우리 조상들의 종이 제작 기술이 뛰어났기 때문이에요.

우리의 전통 종이인 한지는 닥나무 껍질로 만들어요. 이 껍질에 있는 섬유소는 길이가 길고, 굵기가 일정하며, 재질이 탄탄해요. 그래서 좋은 품질의 한지를 만들 수 있답니다.

전통 한지 만드는 법

❶ 베어 낸 닥나무를 쪄서 껍질을 벗겨요.

❷ 껍질을 잿물에 넣고 푹 삶아요.

❸ 부드러워진 껍질을 깨끗하게 씻어요.

❹ 껍질을 방망이로 두들겨요.

❺ 끈끈한 닥풀(황촉규)즙과 껍질을 물에 넣어요.

❻ 대나무를 엮어 만든 발로 한지를 얇게 떠 건져요.

❼ 햇볕에 말리면 한지가 완성돼요.

돌을 쌓아 올려 만든 석굴암

석굴암 입구

석굴암은 돌을 쌓아 석굴을 만들고, 그 안에 지은 절이에요. 불교가 처음 생겨난 인도에서는 굴속에 지은 절이 많아요. 하지만 석굴암은 인도의 석굴 사원과는 차원이 달라요. 무거운 돌을 쌓아서 방을 만든 다음, 흙으로 덮어 만든 인공 석굴이거든요. 무겁고 큰 돌을 쌓아 만든 석굴이지만 1,200년이 넘도록 튼튼하게 버티고 있답니다.

무게를 분산시키는 아치형 천장

석굴암은 약 360여 개의 넓적한 돌로 만들었어요. 돌 사이사이에 쐐기돌을 박아 둥근 천장을 만들고, 한가운데에는 20톤에 달하는 덮개돌을 올렸어요. 천장을 바치는 기둥 하나 없이 말이에요. 엄청난 무게의 천장을 지탱하기 위해 석굴암의 천장은 둥근 아치형으로 만들었어요.

아치형 구조는 위에서 누르는 힘을 골고루 퍼지게 해요. 이 때문에 힘이 가운데로 몰리지 않아 무너지지 않아요. 이 방식은 돌다리처럼 무거운 다리를 만들 때도 종종 쓰여요.

석굴암 모형

자연 친화적인 구조물

석굴암과 같은 굴속은 습기가 차기 쉬운 환경이에요. 하지만 석굴암은 긴 시간 동안 습기도 없고, 곰팡이도 피지 않았어요. 천장과 벽에 틈이 있어 바깥 공기가 잘 통했거든요.

천장 위에는 자갈을 쌓아 놨는데요. 이 때문에 바깥의 덥고 습한 공기가 자갈을 통과하면서 시원하고 건조해졌어요.

바닥에는 자연 제습* 장치가 있어요. 차가운 지하수를 흐르게 하여, 습기가 찬물에 붙어 밖으로 흘러 나가게 만든 거예요.

그러나 안타깝게도 현재의 석굴암은 환기도, 자연 제습도 되지 않아요. 일제 강점기 때 일제가 무너진 석굴암을 고친답시고 지붕을 콘크리트로 덮었기 때문이에요. 잘못된 수리로 인해 석굴암은 계속 망가지고 말았어요.

지금은 석굴암을 보존하기 위해 어쩔 수 없이 유리 벽을 치고 에어컨과 인공 제습 장치를 이용해 습기를 없애고 있답니다.

★ **쐐기돌** 돌을 쌓아 올릴 때, 돌 사이사이에 박아 돌리는 돌   ★ **제습** 습기를 없앰

《팔만대장경》을 지킨 장경판전

대장경은 부처님의 말씀을 모은 불교의 경전이에요. 《팔만대장경》은 고려 시대에 만든 대장경이지요. 고려에서는 목판 인쇄술을 이용해 《초조대장경》, 《재조대장경》 등도 펴냈어요.

팔만여 장의 목판에 새긴 《팔만대장경》

경상남도 합천에 있는 해인사 장경판전에는 81,258개의 나무로 만든 《팔만대장경》 경판이 남아 있어요. 경판이 8만여 장이라서 《팔만대장경》이라고 부르지요.

목판 인쇄는 나무 판에 글자를 하나하나 새겨 찍어 내는 인쇄 방법이에요. 손으로 베껴 쓰는 것보다 빠르고 정확했지요.

목판 인쇄 순서

❶ 단단한 나무를 3년 동안 바닷물에 담가 결을 없애요.

❷ 나무를 쪄서 응달에 말려요.

❸ 매끈하게 다듬어요.

❹ 글자를 볼록하게 조각하고 옻칠을 해요.

❺ 나무가 뒤틀리지 않도록 양쪽에 길쭉한 손잡이를 붙여요.

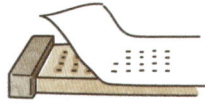

❻ 볼록한 글자에 먹물을 묻혀 찍어 내요.

바람이 솔솔 잘 통하는 장경판전

《팔만대장경》은 약 800년 전에 만들어졌지만 지금까지도 깨끗하게 잘 보존되고 있어요. 나무로 만들었는데 썩지도 않고 잘 보존되는 이유가 뭘까요? 바로 경판을 보관하고 있는 장경판전을 과학적으로 지었기 때문이에요.

장경판전은 바람이 솔솔 잘 통하는 가야산 중턱에 있어요. 건물 앞뒤에 숭숭 뚫린 창을 만들어 바람이 잘 통하게 했고, 바닥은 습도를 조절해 주는 흙바닥으로 깔았는데, 그 속에 숯과 소금 등을 함께 넣었답니다.

TIP
고려 왕조는 《팔만대장경》을 왜 만들었을까?

고려는 불교를 나라의 공식적인 종교로 삼았어요. 고려가 한때 외적의 침입으로 어려움에 처하자, 고려 사람들은 불교의 힘으로 이겨 내기 위해 대장경을 만들었지요. 고려의 첫 번째 대장경인 《초조대장경》은 거란의 침입을 받은 후에 펴냈어요. 이후에 《속장경》을 펴냈으나 몽골의 침입으로 모두 타 버렸지요. 《팔만대장경》은 몽골과의 전쟁 중에 만들기 시작하여 16년 만에 완성했답니다.

과학적인 언어의 탄생 – 한글

우리나라의 고유 문자인 한글은 1443년에 세종이 만들었어요. 세계에서 언제, 누가, 어떤 원리로 만들었는지 알려져 있는 문자는 오직 한글뿐이지요.

1994년 과학 전문지 〈디스커버리〉에서는 한글이 세계에서 가장 독창적이고 과학적인 문자라는 기사를 실었어요. 도대체 한글이 어떤 원리로 만들어졌기에 과학성이 높다고 하는 걸까요?

한글의 과학적인 기본 원리

한글은 우리말의 소리를 정확하게 나타낼 수 있는 문자로 만들어졌어요. 처음 만들었을 때는 자음 17자, 모음 11자가 있었어요. 지금은 28자 중 24자가 사용되고 있지요.

자음은 발음 기관인 혀, 목구멍, 이 등의 생김새와 움직이는 모습을 본

떠 만들었어요. 먼저 기본 자음 ㄱ, ㄴ, ㅁ, ㅅ, ㅇ을 만들고 여기에 획을 더해 다양한 자음을 만들었답니다. 모음은 ·(하늘), ㅡ(땅), ㅣ(사람)의 모습을 본떠 기본 모음을 만들고, 이를 다양한 방법으로 합쳐 여러 가지 모음을 만들었어요. 이렇게 만든 자음과 모음을 조합하면 다양한 소리를 표현할 수 있고, 누구나 쉽게 배울 수 있답니다.

세종은 왜 한글을 만들었을까?

세종은 1446년에 《훈민정음》이라는 책을 펴냈어요. 훈민정음은 백성을 가르치는 바른 소리라는 뜻으로, 한글의 원래 이름이자 한글의 원리를 설명하는 책 제목이기도 해요.

세종은 《훈민정음》의 서문에서 새로운 글자를 만든 이유를 다음과 같이 밝혔어요.

'나라말이 중국과 달라서 한자와 서로 통하지 않으므로,
백성들이 하고 싶은 말을 제대로 하지 못하는 경우가 많다.
이를 딱하게 여겨 새로 스물여덟 자를 만들었으니,
사람들이 쉽게 익혀 편하게 쓰도록 한다.'

백성을 아끼는 세종의 마음이 느껴지지요? 《훈민정음》은 이러한 창제 이유와 그 우수성을 인정받아 유네스코 세계 기록 유산에 등재되었답니다.

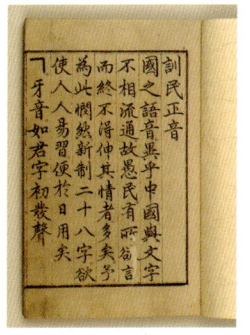

《훈민정음》

《동국지도》와 《대동여지도》

조선 후기에는 과학적인 측량* 도구를 개발하고, 측정을 하는 등 지도 제작에 과학적인 방법을 사용했어요. 덕분에 이전보다 훨씬 정확한 지도가 만들어졌지요.

우리나라 최초로 축척*을 표시한 《동국지도》

《동국지도》는 조선 영조 때(재위 1724~1776년) 정상기가 만든 우리나라 지도예요. 우리나라 땅의 윤곽을 실제와 가깝게 그렸지요.

《동국지도》는 우리나라 최초로 축척을 사용했어요. 100리(약 40킬로미터)를 1척*으로 줄인 백리척을 최초로 사용했지요. 서울을 중심으로 동서남북의 거리도 기록했어요. 서울에서 함경도 온성까지는 2,091리, 전라도 해남까지는 1,007리, 강원도 영해까지는 540리, 황해도 풍천까지는 562리라고 말이에요. 그래서 우리나라 전체 남북의 거리는 3,098리, 동서는 1,102리라고 나타냈지요.

또한 땅 위의 길과 바닷길을 자세하게 그려 매우 실용적이었어요. 다양한 기호를 활용하여 지리 정보를 쉽게 알 수 있게 표시했지요. 전국 지도와 더불어, 각 도별로 8장의 지도를 따로 만들어 모두 9장이랍니다.

정확하고 편리한 《대동여지도》

《대동여지도》는 김정호가 1861년에 만든 지도예요. 이전의 지도를 참고하고, 부족한 부분은 직접 찾아가 살펴본 뒤 목판에 새겼어요.

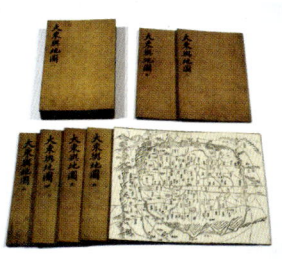

《대동여지도》는 총 22권의 책으로 만들어졌어요. 우리 땅을 남북으로 120리 간격으로 나누어, 각 부분을 한 권의 책으로 만들었지요. 《대동여지도》를 모두 펼쳐 이으면 세로 약 6.7미터, 가로 약 3.8미터 크기의 매우 큰 전도가 펼쳐져요. 병풍처럼 접었다 펼치는 형태였는데요. 평소에는 접어서 책으로 보관하다가 필요할 때 펼쳐 보도록 편리하게 만든 것이랍니다.

김정호는 《대동여지도》에 10리마다 점을 찍어 지도를 보는 사람들이 거리를 쉽게 짐작할 수 있도록 했어요.

🞽 **측량** 기구를 이용해 땅의 높낮이, 넓이 등을 재는 것
🞽 **축척** 실제 거리와 지도 위에 나타낸 거리와의 비율
🞽 **척** 길이의 단위로, 1척은 약 30.3센티미터

우아~ 정말 요즘 사용하는 지도와 윤곽이 거의 똑같네!

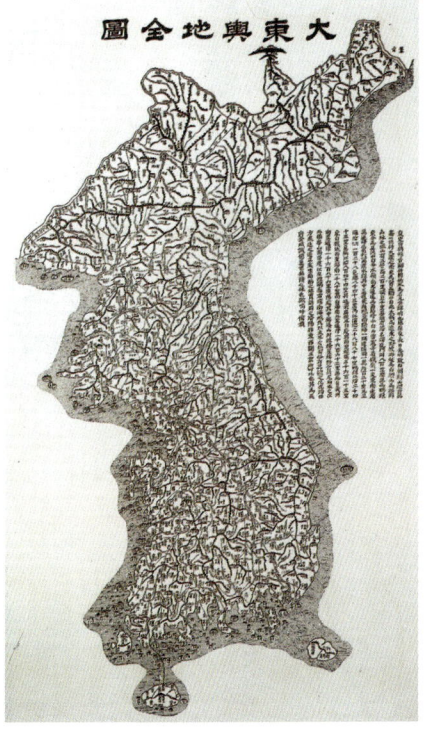

문화재와 함께한 과학

《무구 정광 대다라니경》과 한지
- 약 6.5센티미터 폭에 전체 길이 약 640센티미터인 불교 경전으로, 한지로 만듦
- 두루마리 형식으로 돌돌 말린 채 석가탑 속에서 발견됨
- 현재까지 남아 있는 목판 인쇄본 중 세계에서 가장 오래됨
- 한지 : 닥나무 껍질로 만듦 ⋯▶ 섬유소의 길이가 길고, 굵기가 일정하며, 재질이 탄탄하므로 좋은 품질의 한지를 만들 수 있음

석굴암
- 경상북도 경주에 있는 석굴 사원
- 천장의 무게를 분산시키기 위해 아치형으로 지음
- 천장과 벽에 틈이 있고, 바닥에 차가운 지하수가 흘러 습기가 차지 않음
- 천장 위에 자갈을 쌓아 바깥에서 들어오는 덥고 습한 공기를 시원하고 건조하게 바꿈

《팔만대장경》과 장경판전
- 부처님의 말씀을 모은 불교 경전으로, 목판 인쇄술을 이용함

- 장경판전 : 《팔만대장경》을 보관하던 곳으로, 건물 앞뒤에 숭숭 뚫린 창을 만들어 바람이 잘 통하게 했음

한글
- 1443년에 세종이 만든 우리나라 고유 문자
- 우리말의 소리를 정확하게 나타낼 수 있음
- 자음 : 발음 기관인 혀, 목구멍, 이 등의 생김새와 움직이는 모습을 본떠 만듦
- 모음 : 하늘, 땅, 사람의 모습을 본떠 만듦

《동국지도》
- 조선 영조 때 정상기가 만든 우리나라 지도
- 100리를 1척으로 줄인 백리척을 사용함 ⋯ 우리나라 최초로 축척을 사용함
- 땅 위의 길과 바닷길을 자세히 기록하여 실용적이었음
- 다양한 기호를 활용하여 지리 정보를 쉽게 알 수 있음

《대동여지도》
- 1861년에 김정호가 목판에 새겨 만든 우리나라 지도
- 병풍처럼 접었다 폈다 하는 형태로, 평소에는 책처럼 접어서 보관
- 지도에 10리마다 점을 찍어 거리를 쉽게 짐작할 수 있음

한 걸음 더!

동서양 최초의 금속 활자

세계에서 가장 오래된 금속 활자본 《직지심체요절》

지금까지 남아 있는 책 가운데 가장 오래된 금속 활자본은 1377년에 청주 흥덕사에서 인쇄한 《직지심체요절》이에요. 《직지심체요절》은 백운 화상*이라는 스님이 쓴 책으로, 부처와 여러 승려의 말씀이나 편지 등을 모은 내용이에요. 원래는 상·하권 두 권이었는데, 현재는 하권만 남아 있어요.

금속 활자 만드는 법

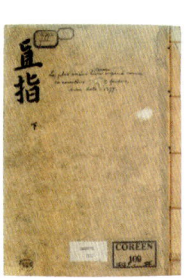

❶ 벌집을 만드는 물질인 밀랍에 한 글자씩 새겨요.

❷ 밀랍에 새긴 글자들을 나뭇가지처럼 이어 붙여요.

❸ 거푸집 속에 글자를 넣고 쇳물을 부어요.

❹ 쇳물이 굳으면 금속 활자를 하나씩 떼서 다듬어요.

❺ 인쇄할 내용에 맞춰 활자를 나열해요.

❻ 활자판에 먹을 바르고 찍어 내요.

고려 시대 금속 활자 복(覆)

서양 최초로 금속 활자를 발명한 구텐베르크

서양에서는 1450년경 독일의 구텐베르크가 처음으로 금속 활자 인쇄술을 발명했어요. 구텐베르크는 납으로 금속 활자를 만들고, 인쇄기도 만들었어요. 인쇄기는 포도즙을 눌러 짜는 압착기를 응용해 개발했지요.

구텐베르크가 인쇄한 최고의 책은 성경이에요. 알파벳과 기호 등 290개의 활자를 만들어 1,282쪽짜리 성경을 180여 권 찍었지요.

세상을 바꾼 인쇄술

인쇄술은 유럽 사회를 획기적으로 바꾸었어요. 이전까지 유럽에서는 책이 아주 귀했어요. 그래서 일반 사람들은 성경을 구하기 어려웠지요.
하지만 구텐베르크가 인쇄술을 발명한 뒤부터 성경을 비롯한 다양한 책들이 쏟아져 나왔어요. 책을 통해 여러 지식을 접한 대중들은 생각이 깊어지고, 사회를 바라보는 시각이 넓어졌답니다.

중세 유럽 사회는 이러한 바탕에서 종교 개혁, 문화 혁명, 과학 혁명 등이 일어나 근대 사회로 나아갔어요.

★ **화상** 승려를 높여 부르는 말

화약 무기를 개발한 최무선

최무선(1325~1395년)은 고려 말의 과학자예요. 우리나라에서 처음으로 화약을 발명하고 화약 무기도 개발했어요. 앞에서 배운 신기전도 최무선이 개발한 거예요.

최무선은 왜 화약을 발명했을까?

고려 말에는 왜구들이 자주 쳐들어왔어요. 최무선은 광흥창사인 아버지로부터 왜구 때문에 고려 사람들이 큰 피해를 입고 있다는 소식을 들었어요. 광흥창은 관리들에게 지급하는 곡식을 담당하던 곳으로, 광흥창사는 그곳의 책임자였어요.

최무선은 화약 무기가 있으면 왜구의 노략질을 막을 수 있다고 생각했어요. 하지만 그때까지 고려에는 화약 무기는커녕 화약을 만들 기술조차 없었지요.

화약은 중국에서 처음 발명되었어요. 중국에서는 12세기에 이미 화약 무기도 사용했어요. 하지만 다른 나라에 제조법을 알려 주지 않았지요.

최무선은 중국에서 들여온 책을 보고, 화약 제조법에 대해 아는 중국인들을 찾아다니며 연구를 했어요. 그러다 이원이라는 중국 상인을 만나 화약의 핵심 재료인 초석 제조법에 대해 들었어요.

이후 최무선은 집 안에 실험실을 차려 놓고 자식과 노비들과 함께 밤낮으로 연구를 거듭했지요. 가끔 실험 중에 불이 나거나 폭발음이 나서 동네 사람들을 놀라게 하기도 했지만, 최무선은 마침내 화약을 발명했답니다.

최무선이 사용한 화약 성분

염초 산소 공급

목탄 탄소 공급

유황 폭발력을 높여 줌

최무선이 만든 화약 무기

최무선은 화약을 발명한 뒤 곧바로 화약 무기를 개발했어요. 고려 조정에서는 1377년 화통도감이라는 관청을 설치하고 최무선을 책임자로 앉혔어요. 최무선은 대장군포, 이장군포, 삼장군포, 육화석포 등 다양한 포와 함께 화전, 철령전, 주화 등 여러 포탄을 개발했어요.

1380년 진포에 왜구가 쳐들어오자 최무선은 그동안 개발한 화약 무기를 가지고 내려가 승리를 거두었어요.

얼마 뒤 고려는 멸망하고 1392년에 조선 왕조가 세워졌어요. 최무선도 세상을 떠났지요. 최무선의 아들 최해산은 조선의 화약 무기 관리자가 되어 화약 무기를 계속 발전시켰답니다.

화약이 발명된 이후 개발된 화포들

 세종의 과학자 – 장영실, 이천, 이순지

조선에서 과학이 가장 크게 발전한 시기는 세종이 나라를 다스렸을 때예요. 당시의 과학 기술은 세계적으로도 매우 높은 수준이었지요. 과학에 대한 세종의 많은 관심과 뛰어난 과학자들 덕분이었어요.

세종이 사랑한 과학자 – 장영실

세종 때 활약한 과학자 중 가장 잘 알려진 인물은 장영실이에요. 장영실은 부산 동래현의 기술자였어요. 아버지는 원나라에서 귀화한 기술자였고, 어머니는 동래현의 노비였지요. 조선 시대에는 신분 제도가 있었기 때문에, 어머니가 노비이면 그 자식도 노비였어요.

장영실은 천한 노비였지만 기술이 워낙 뛰어나서 세종의 아버지인 태종이 장영실을 궁궐로 불러들였어요.

이후 왕이 된 세종도 장영실을 매우 아꼈어요. 심지어 천민인 장영실을 중국으로 유학을 보내 천문 관측기구에 대해 공부하고 오게 했지요.

물이 일정한 시간 동안 차오르는 원리를 이용하면 되겠군!

장영실은 이러한 지지와 노력을 바탕으로 다양한 기구를 만들었어요. 다른 과학자들과 함께 간의, 간의대, 앙부일구 등을 만들었지요.

아름다운 물시계인 자격루와 옥루는 장영실이 만든 작품이에요. 세종은 특히 자격루에 감탄했어요. 세종은 장영실에게 벼슬을 내려 천민의 신분에서 벗어나게 해 주었어요.

세종의 신임을 한 몸에 받던 장영실이었지만 인생의 마지막은 좋지 않았어요. 장영실이 책임을 맡았던 왕의 가마가 부서지는 바람에 벌을 받고 쫓겨났지요. 이후 장영실이 어떻게 살았는지는 알려지지 않았어요.

간의

세종 과학 사업의 총책임자 - 이천

장영실의 업적을 살피다 보면 함께 등장하는 과학자가 있어요. 바로 이천(1376~1451년)이에요.

이천은 천문 기구의 제작 책임자로서, 제작 실무자인 장영실과 함께 조선 전기의 과학 발전을 이끌었어요.

이천은 원래 태종 때 무과에 합격한 무인이었어요. 하지만 세종은 이천의 능력을 꿰뚫어 보고 이천을 과학자로 일하게 했지요.

이천이 제일 먼저 한 일은 궁중의 제사에 쓰이는 그릇을 새로 만드는 일이었어요. 금속을 잘 다룰 줄 알았던 이천은 제기를 매우 정교하게 만들었어요. 이를 본 세종은 이천에게 금속 활자를 만들게 했어요. 세종 때는 책을 아주 많이 펴냈는데, 이전까지 쓰던 금속 활자가 금방 뭉개져서 매우 불편했거든요.

갑인자

이천은 다른 과학자들과 함께 1420년에 '경자자'를, 1434년에는 경자자를 개량한 '갑인자'를 만들었어요. '갑인자'는 글자의 모양도 아름답지만 큰 글자와 작은 글자를 섞어 쓸 수 있어 편리했어요. 또한 하루에 40장을 찍을 수 있었어요. 갑인자는 매우 훌륭해서 이후 140여 년 동안 쓰였답니다.

이 모든 것이 백성을 위함이니라!

이후 이천은 천문 관측기구 제작의 책임자가 되었어요. 장영실, 이순지 등 여러 과학자와 함께 간의, 간의대, 앙부일구 등을 만들며 조선의 천문학을 이끌었어요. 또 저울을 개량하고, 화포와 악기를 만드는 등 세종이 원하는 물건을 척척 만들어 냈답니다.

수학과 천문학의 대가 - 이순지

세종은 왕이 되자마자 조선에 맞는 역법을 새로 만들고 싶었어요. 이를 위해서는 뛰어난 산학(수학) 실력을 가진 학자가 필요했어요.

세종은 과거에 합격한 문신들을 뽑아 산학을 연구하게 했어요. 그중 이순지(?~1465년)가 있었어요. 이순지는 유학자였지만 수학과 천문학에 매우 뛰어났어요. 이순지의 이론, 이천과 장영실의 기술이 합쳐져 세종이 원하는 과학 발전을 이루었지요.

이천과 장영실이 천문 기구를 제작했다면, 이순지는 천문학 이론으로 조선에 맞는 역법인 《칠정산》을 만드는 데 크게 공헌했어요. 《칠정산》의 완성으로 조선은 일식과 월식을 미리 예측하는 나라가 되었답니다.

이순지는 이 밖에도 천문 이론과 천문 관측기구, 역법 등을 정리한 《제가역상집》, 동양의 기본 별자리 28수와 은하수 등 별자리에 대해 설명한

《천문유초》, 일식과 월식을 예측하는 법을 적은 《교식추보법》 등을 썼어요.

세종 때 왜 과학이 크게 발달했을까?

　세종은 1418년부터 1450년까지 30년이 조금 넘는 기간 동안 조선을 다스렸어요. 이 시기에는 천문학, 지리학, 인쇄 기술, 군사 기술, 의학, 농업 등 다양한 분야가 발전했어요. 세계적으로도 수준이 매우 높았어요. 이처럼 세종이 다스리던 시기에 과학이 크게 발달한 이유는 무엇일까요?

　세종은 우리 하늘에 맞는 달력, 우리 땅에 맞는 농사법, 우리 땅에서 나는 약, 우리 지형에 맞는 지도 등 조선의 백성들에게 딱 맞는 기술과 정보를 원했어요. 당시에는 모든 것이 중국 중심이었기 때문에 조선 사람에게는 맞지 않는 것들이 많았거든요. 세종은 중국 중심의 학문을 조선에 맞게 바꾸고 싶었던 거예요.

　세종은 자신이 먼저 공부하여 좋은 아이디어를 내고, 뛰어난 과학자들을 뽑아 능력에 맞는 일을 맡겼어요. 그 결과 세종의 시대는 조선의 과학을 꽃피운 시대가 되었답니다.

조선의 명의 허준

허준(1539~1615년)은 양반 가문에서 태어나 유학을 공부했어요. 하지만 어머니가 양반이 아닌 서얼 출신이라 높은 벼슬에 오를 수 없었고, 결국 의사의 길을 선택했어요.

《동의보감》을 펴낸 허준

허준은 조선 선조의 어의였어요. 어의는 궁궐에서 왕이나 왕의 가족의 병을 치료하던 의사이지요. 허준은 임진왜란 중에 피란을 가는 선조의 곁을 끝까지 지키기도 했어요.

선조는 전쟁 중에 병으로 고통받는 사람들을 보고 허준에게 의학책을 만들라고 명했어요. 당시에는 전국적으로 의원과 약재가 부족하여 목숨을 잃는 백성이 많았기 때문이에요. 이에 선조는 우리 주변에서 쉽게 구할 수 있는 약재를 널리 알리고, 일반 백성도 쉽게 이해할 수 있는 의학책을 펴내라고 했지요.

처음에는 허준을 비롯한 여러 명의 어의들이 모여서 의학책을 만들기 시작했어요. 하지만 잠시 물러났던 왜군이 다시 쳐들어와 책 작업이 중단되었지요. 결국 나중에 허준 혼자서 만들어 펴냈답니다.

허준은 세종 때 편찬된 의학책 《향약집성방》, 《의방유취》 등과 중국의 의학책 수십여 종을 참고하고 자신의 경험을 더하여 《동의보감》을 완성했어요. 《동의보감》은 우리나라뿐 아니라 중국과 일본 등에서도 인정을 받아 널리 쓰였어요.

《동의보감》은 어떤 책일까?

《동의보감》은 총 25권으로, 약 2천 개의 증상과 4천여 개의 처방이 담겨 있어요. 특히 비싸고 구하기 힘든 중국 약재가 아니라 우리나라에서 나는 약재를 한글로 소개했어요. 누구나 쉽게 약재를 구할 수 있도록 한 것이지요.

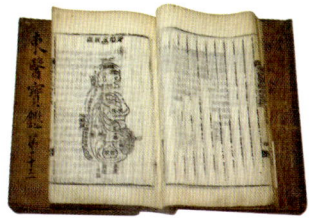

허준은 《동의보감》을 통해 병을 치료하는 것보다 예방이 훨씬 중요하다고 했어요. 그러려면 평소에 좋은 생활 습관을 가져야 한다고 강조했어요.

《동의보감》에서 말하는 건강에 좋은 생활 습관

- 얼굴과 몸을 자주 두드리기
- 혀를 입안에서 자주 굴리기
- 음식을 먹은 뒤 100보 정도 걷기
- 아침은 묽은 죽을 먹고 저녁은 적게 먹기
- 눈을 자주 움직이기
- 치아를 맞부딪치고 침은 삼키기
- 트림, 가스, 가래 등 탁한 것은 참지 말고 버리기
- 다양한 음식 먹기

바다 생물 백과를 쓴 정약전과 김려

조선 시대 학자 중에는 어류를 연구한 위인들도 있어요. 대표적으로 《자산어보》를 쓴 정약전과 《우해이어보》를 쓴 김려가 있지요.

흑산도 어류 백과사전 《자산어보》를 쓴 정약전

《자산어보》는 조선 후기의 학자 정약전(1758~1816년)이 1814년에 쓴 흑산도의 바다 생물 백과사전이에요. 흑산도에서 나는 바다 생물을 직접 관찰하고 연구하여 썼어요.

정약전은 수원 화성을 지은 정약용의 형이에요. 천주교인이라는 이유로 흑산도에 귀양을 갔어요. 당시에는 서양에서 들어온 천주교를 금지했기 때문이에요. 정약전은 흑산도에서 16년 동안 살면서 아이들에게 글을 가르치고, 바다 생물을 연구하며 보냈답니다.

흑산도에는 물고기와 바다 생물이 매우 많았어요. 사람들에게 잘 알려지지 않은 생물도 많았고, 이름이나 정보가 잘못 알려진 생물도 있었어요. 정약전은 바다 생물에 대한 정보를 제대로 전달하는 책을 써야겠다고 생각했지요.

정약전은 물고기에 대해 잘 아는 마을 청년 장덕순과 함께 물고

기를 채집하고 이름, 모양, 크기, 맛, 습성 등을 자세히 기록했어요.

《자산어보》는 모두 3권이에요. 1권은 비늘이 있는 어류, 2권은 비늘이 없는 어류와 딱딱한 껍데기를 가진 어류, 3권은 해조류와 기타 생물들의 정보가 담겨 있답니다.

우리나라 최초의 바다 생물 백과 《우해이어보》

《우해이어보》는 진해에 유배를 온 김려(1766~1822년)가 1803년에 지은 바다 생물에 관한 책이에요. 조선 시대에는 진해를 우산이라고 하고, 진해 앞바다를 우해라고 불렀지요.

김려는 우산에서 유배 생활을 하면서 어부들과 친하게 지냈어요. 날마다 낚싯대와 바구니를 들고 물고기를 잡으러 나갔던 김려는 잡은 물고기를 관찰하여 《우해이어보》를 썼지요.

《우해이어보》는 진해 바다에서 나는 바다 생물, 그중에서도 특이한 바다 생물에 관한 책이에요. 모두가 잘 아는 물고기들은 기록하지 않고 해괴하고 기이한 바다 생물만 기록했지요. 이름, 형태, 습성, 번식, 쓰임새, 잡는 법 등을 자세히 적었어요. 때로는 자신이 지은 시까지 적어 넣었답니다.

꼬리에 독침이 있다는 노랑가오리로구나!

자랑스러운 역사 속 과학자

최무선
- 고려 말의 과학자로, 우리나라에서 처음으로 화약과 화약 무기를 발명함
- 중국에서 들여온 책과 화약에 대해 아는 중국인들을 찾아다니며 연구함
- 1377년 화통도감의 책임자가 되어 여러 대포와 포탄을 개발함

장영실
- 천한 노비였으나 기술이 뛰어나 태종에 의해 궁으로 들어감
- 세종은 장영실을 매우 아꼈으며, 중국으로 유학을 보내기도 함
- 자동 물시계인 자격루와 옥루 등을 만듦

이천
- 천문 기구의 제작 책임자로, 장영실과 함께 조선 전기의 과학 발전을 이끎
- 무과에 합격했으나, 세종이 이천의 능력을 알아보고 과학자로 일하게 함
- 다른 과학자들과 함께 금속 활자인 경자자와 갑인자를 만듦

이순지
- 유학자였으나 수학과 천문학에 매우 뛰어났음

- 조선에 맞는 역법인 《칠정산》을 만드는 데 크게 공헌함
- 《칠정산》의 완성으로 조선은 일식과 월식을 미리 예측할 수 있게 됨

세종
- 30년이 넘는 기간 동안 조선을 다스리며 다양한 분야를 발전시킴
- 우리 하늘에 맞는 달력, 우리 땅에 맞는 농사법, 우리 지형에 맞는 지도 등 조선에 딱 맞는 기술과 정보를 원했기 때문

허준
- 조선 선조의 어의
- 우리 주변에서 쉽게 구할 수 있는 약재를 널리 알리고, 일반 백성도 쉽게 이해할 수 있도록 《동의보감》을 펴냄
- 병을 치료하는 것보다 예방이 훨씬 중요하다고 강조

정약전
- 흑산도에 사는 바다 생물을 연구하여 《자산어보》를 지음

김려
- 우해(진해 앞바다)에 사는 특이한 바다 생물을 연구하여 《우해이어보》를 지음

조선 최고의 수학자 최석정

최석정(1646~1715년)은 조선 숙종 때 활약한 학자예요. 9살 때 어려운 유교 경전을 외우고, 17살 때 과거에 장원 급제를 했어요. 관직에 나아가서도 승승장구하여 영의정을 8번이나 지냈어요.

최석정의 관심은 유학 이외에도 매우 다양했어요. 중국을 통해 서양에서 들어온 책을 구해 읽고 수학, 천문학 등을 연구했지요.

옛날 우리나라에서도 수학 공부를 했을까?

조선은 유학을 가장 중요하게 여겼어요. 그래서 옛날에는 어려운 한문만 공부했을 것 같지요? 하지만 우리 조상들은 수학도 중요하게 여겼어요. 삼국 시대부터 고려 시대까지는 지금의 국립 대학 격인 교육 기관에서 주요 과목으로 수학을 가르쳤어요.

조선에서는 중인★들이 대대로 물려받아 수학을 연구했어요. 중국의 수학책도 많이 들어왔고, 우리나라 수학자가 쓴 수학책도 많았어요. 세종 때 훌륭한 과학 업적을 많이 이루었던 이유 중 하나도 뛰어난 수학자들이 있었기 때문이지요.

★ 중인 조선 시대에 양반과 평민의 중간에 있던 신분 계급

세계 최초로 마방진 발견

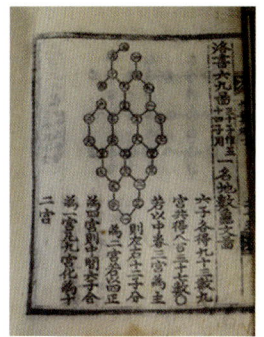

최석정은 《구수략》이라는 수학책을 썼어요. 《구수략》은 동양 철학을 바탕으로 수학 이론을 정리한 수학책이에요.

《구수략》에는 마방진이라는 수학 문제가 나와요. 마방진은 도형 속 가로, 세로, 대각선으로 나열된 각각의 수를 더했을 때 전부 같은 수가 나오도록 만든 것이지요.

최석정은 《구수략》에서 다양한 마방진을 소개했어요. 특히 이 책에 등장한 마방진 가운데 가로세로 9칸씩 81개의 칸에 숫자가 1에서 81까지 하나씩 들어가는 마방진이 있어요. 현대 수학 용어로 하면 '9차 직교라틴방진'이라고 해요. 마법처럼 복잡한 이 마방진은 처음에는 스위스의 천재 수학자 오일러가 처음 발견한 것으로 알려졌어요. 하지만 《구수략》이 알려지면서 최석정이 오일러보다 67년 더 먼저 발견했다는 것이 증명되었답니다.

1화 전통 문구점의 수상한 문

1 다음 중 발효에 대한 설명으로 틀린 것을 골라 봐요.

① 미생물이 음식물을 분해하는 과정에서 맛과 질감 등이 변하는 거예요.
② 발효 음식으로는 요구르트, 치즈, 김치, 된장 등이 있어요.
③ 음식이 발효되면 맛이 없어지고, 건강에도 나빠요.
④ 잘 익은 김치는 발효되는 과정에서 젖산균이 많아져 독특한 맛을 내요.

2 옹기에 음식을 넣어 저장하면 오랫동안 보관할 수 있어요. 그 이유는 무엇일까요? 〔서술형 문항 대비〕

3 다음 글을 읽고, 빈칸에 들어갈 알맞은 말을 〈보기〉에서 골라 적어 봐요.

(㉠)은/는 불을 때서 방을 데우는 난방 구조예요. (㉡)에 불을 피우면 불기운이 방 밑을 고루 돌면서 (㉢)을/를 데운 다음 굴뚝으로 나가요. 그러면 방바닥이 뜨거워지면서 방 안이 따뜻해진답니다.

보기
구들장   처마   아궁이   대청마루   온돌   한옥

㉠: _____   ㉡: _____   ㉢: _____

4 다음 문장을 읽고 맞으면 O, 틀리면 X 표시를 해 봐요.

· 갈옷은 풋감의 즙을 이용해 염색한 옷으로, 떫은맛을 내는 염초라는 성분이 들어 있어 천을 빳빳하게 해 줘요. (   )

· 부룩은 농작물 사이에 다른 농작물을 섞어 키우는 농사법으로, 벌레의 특성을 이용한 거예요. (   )

· 독살은 밀물과 썰물의 차이를 이용한 고기잡이 방법으로, 육지 쪽으로 오목하게 들어온 갯벌에 돌을 쌓아 만들어요. (   )

 **2화 첩자로 몰린 영실이**

1 다음 중 신기전에 대한 설명으로 틀린 것을 골라 봐요.

① 로켓형 무기로, 화살에 화약통이 달려 있어요.
② 작용 반작용의 법칙 때문에 앞으로 날아가요.
③ 화약이 폭발하면서 가스가 뿜어져 나오면 화살이 반대 방향으로 날아가요.
④ 주화는 신기전을 한꺼번에 여러 발 발사할 수 있도록 만든 수레예요.

2 다음 글을 읽고 빈칸에 알맞은 단어를 적어 봐요.

(㉠)은 조선 수군의 전투용 배로, 왜구를 막기 위해 만들었어요. 임진왜란 때는 이순신이 이 전투함을 개량하여 (㉡)을 만들었어요. (㉡)은 용머리와 꼬리, 양옆에 대포가 있어 사방으로 대포를 쏘며 왜적을 무찔렀어요.

㉠ : _____   ㉡ : _____

3 다음 사진을 보고 잘못 설명하고 있는 사람이 누구인지 골라 봐요.

① 거중기에는 총 12개의 도르래가 있어.

② 힘의 크기를 줄이기 위해 움직 도르래를 4개나 달았네!

③ 이 도구를 이용하면 무거운 물건을 쉽게 들어 올릴 수 있지.

④ 이 도구의 이름은 녹로야.

4 일상생활에서 볼 수 있는 작용 반작용의 법칙을 찾아봐요. [서술형문항대비 ✓]

예	작용	반작용
달리기	발로 바닥을 미는 힘	바닥이 발을 미는 힘

 3화 하늘의 신이 된 장원이

1 다음 사진 속 문화재와 이름을 바르게 짝지어 봐요.

 ①　　　　　　㉠ 앙부일구

 ②　　　　　　㉡ 첨성대

 ③　　　　　　㉢ 관천대

 ④　　　　　　㉣ 자격루 수수호

2 다음을 읽고 무엇에 대한 설명인지 적어 봐요.

> 조선 태조 때 만들어진 천문도예요. 커다란 검은색 대리석에 1,467개의 별을 새겼어요. 조선을 세울 때, 조선 왕조의 정통성을 널리 알리고 왕의 권위를 높이기 위해 만들었지요. 1년 내내 볼 수 있는 별자리, 적도, 황도, 은하수 등이 새겨져 있어요.

_____

3 다음 문장을 읽고 맞으면 O, 틀리면 X 표시를 해 봐요.

· 앙부일구는 우리나라 최초의 해시계예요. (   )

· 자격루는 시간을 측정하는 물시계와 일정한 시간이 되면 소리로 알려 주는 알람 장치를 합친 자동 시계예요. (   )

· 《칠정산》은 조선의 수도인 한양을 기준으로 한 역법서예요. (   )

4화 불국사에 다녀온 장원이

1 다음을 읽고 무엇에 대한 설명인지 적어 봐요.

> 이것은 우리나라 전통 종이로, 닥나무 껍질로 만들었어요. 현재까지 남아 있는, 세계에서 가장 오래된 목판 인쇄본인 《무구 정광 대다라니경》도 이것에 찍었기 때문에 지금까지도 잘 보존되고 있어요.

_____

2 다음 사진을 보고 잘못 설명하고 있는 사람이 누구인지 골라 봐요.

① 천장 돌 사이사이에 쐐기돌을 박았어.

② 아치형 천장이라 힘이 골고루 퍼지기 때문에 무너지지 않아.

③ 천장과 벽에 틈이 있어 바깥 공기가 잘 통해. 그래서 습기가 차지 않았어.

④ 지붕을 콘크리트로 덮었기 때문에 더 잘 보존할 수 있게 되었단다.

3 다음 문장을 읽고 맞으면 O, 틀리면 X 표시를 해 봐요.

- 《팔만대장경》은 해인사에 있는 불교 경전으로, 바람이 솔솔 잘 통하는 장경판전에서 보관했기 때문에 지금까지도 잘 전해지고 있어요. (   )
- 《팔만대장경》은 지금까지 남아 있는 책 가운데 가장 오래된 금속 활자본이에요. (   )
- 《훈민정음》은 백성을 가르치는 바른 소리라는 뜻으로, 한글의 원래 이름이자 한글의 원리를 설명하는 책 제목이기도 해요. (   )
- 세종은 동물과 식물의 모양을 본떠 자음과 모음을 만들었어요. (   )

4 다음을 읽고 맞는 것을 모두 골라 봐요.

① 《동국지도》는 김정호가, 《대동여지도》는 정상기가 만들었어요.
② 《동국지도》는 우리나라 최초로 축척을 사용한 지도예요.
③ 《대동여지도》는 10리마다 점이 찍혀 있어 거리를 쉽게 짐작할 수 있었어요.
④ 《대동여지도》는 병풍처럼 접었다 펼치는 한 권의 책이에요.

5화 체험! 발명의 순간

1 다음 중 최무선에 대한 설명으로 옳은 것을 모두 골라 봐요.

① 조선 중기의 과학자예요.
② 세계 최초로 화약 무기를 만들었어요.
③ 왜구의 노략질을 막기 위해 화약 무기를 만들었어요.
④ 아들 최해산은 조선의 화약 무기를 발전시켰어요.

2 다음 설명을 읽고 누구에 대한 설명인지 적어 봐요.

> 세종 때 활약한 과학자예요. 천한 노비 출신이나 기술이 워낙 뛰어나서 천민의 신분을 벗고 중국에 유학도 다녀왔어요. 앙부일구, 자격루, 옥루 등을 만드는 데 큰 공헌을 했어요.

_____

3 다음 문장을 읽고 맞으면 O, 틀리면 X 표시를 해 봐요.

- 이천은 기존 금속 활자를 연구하고 발전시켜 경자자와 갑인자를 만들었어요. (   )

- 이순지는 《구수략》이라는 수학책을 썼어요. (   )

- 허준은 조선 선조의 어의로, 일반 백성도 쉽게 이해할 수 있는 의학책 《동의보감》을 펴냈어요. (   )

- 김려는 흑산도에서 바다 생물을 직접 관찰하고 연구하여 《자산어보》를 썼어요. (   )

4 조선의 과학자를 더 찾아보고, 그들이 어떠한 업적을 남겼는지 조사해 봐요. 서술형 문항 대비 ✓

이름	시대	업적
정약용	조선 후기	거중기와 녹로를 만들어 수원 화성을 쌓을 때 큰 공헌을 함

1화

1. ③
→ 식품이 발효되면 처음 상태보다 맛과 영양이 풍부해지고, 먹었을 때 소화도 더 잘돼요. (☞16~17쪽)

2. 자유롭게 적어 봐요.
→ 옹기에는 눈에 보이지 않지만 아주 작은 구멍이 많이 나 있어요. 옹기를 구울 때 흙 반죽에 남아 있던 물이 기체가 되어 빠져나갔기 때문이에요. 이 구멍으로 공기가 통하기 때문에 곰팡이가 피거나 눅눅해지지 않아 음식을 오래 보관할 수 있어요. (☞19쪽)

3. ㉠ 온돌, ㉡ 아궁이, ㉢ 구들장
→ 한옥은 우리나라의 전통 가옥이에요. 대청마루는 한옥의 거실에 해당하며, 처마는 대청마루나 방 안으로 비바람이 들이치지 못하도록 지붕에 길게 달린 부분이에요.
(☞20~21쪽)

4. X, O, O
→ 풋감에는 떫은맛이 나는 타닌이라는 성분이 있는데, 이 성분은 천을 빳빳하게 해 주고 때가 잘 타지 않게 해 줘요. (☞23~25쪽)

2화

1. ④
→ 주화는 최무선이 만든 최초의 로켓형 무기예요. 화차는 신기전을 한꺼번에 여러 발 발사하는 수레예요. (☞36~37쪽)

2. ㉠ 판옥선, ㉡ 거북선
→ 판옥선은 조선의 대표 전투함이에요. 이순신은 판옥선을 개량한 거북선을 만들어 임진왜란을 승리로 이끌었어요. (☞38~39쪽)

3. ④
→ 거중기는 무거운 돌을 들어 올리기 위해 만든 도구예요. 고정 도르래와 움직 도르래를 모두 사용하여 힘의 방향을 바꾸고 힘의 크기를 줄여 줘요.
녹로는 고정 도르래만 사용한 도구로, 힘의 크기를 줄여 주진 못해요.
(☞40~41쪽)

4. 자유롭게 조사하여 적어 봐요.

3화

1. ①-㉡, ②-㉢, ③-㉠, ④-㉣
→ 첨성대와 관천대는 별을 관찰하던 곳이고, 앙부일구는 해시계, 자격루는 물시계예요.
(☞54~55, 58~59쪽)

2. 천상열차분야지도
→ 천상열차분야지도는 조선 태조 때 만들어진 천문도로, 조선 왕조의 정통성을 널리 알리기 위해 만들었어요. (☞56~57쪽)

3. X, O, O

⋯ 해시계는 삼국 시대에도 있었어요.
(☞58~61쪽)

4화

1. 한지
⋯ 우리나라 전통 종이는 한지예요.
(☞74~75쪽)

2. ④
⋯ 일제 강점기에 일제가 무너진 석굴암을 고치려고 지붕을 콘크리트로 덮었어요. 이는 자연 제습 장치를 망가뜨린 잘못된 수리였어요. 그 결과 현재는 안타깝게도 인공적으로 제습 처리를 해 주고 있어요. (☞76~77쪽)

3. O, X, O, X
⋯ 지금까지 남아 있는 책 가운데 가장 오래된 금속 활자본은 《직지심체요절》이에요. 세종은 사람의 발음 기관이 움직이는 모습과 하늘, 땅, 사람의 모습을 본떠 자음과 모음을 만들었어요. (☞78~81, 86쪽)

4. ②, ③
⋯ 《동국지도》는 정상기가, 《대동여지도》는 김정호가 만들었어요. 《대동여지도》는 총 22권의 책으로 구성되었으며, 병풍처럼 접었다 펼치는 형태라 모두 펼쳐 이으면 매우 큰 우리나라 전도가 돼요. (☞82~83쪽)

5화

1. ③, ④
⋯ 최무선은 고려 말의 과학자로, 우리나라 최초로 화약 무기를 만들었어요.
(☞94~95쪽)

2. 장영실
⋯ 장영실은 세종 때 활약한 과학자예요. 천한 노비 출신이었으나 기술이 뛰어나 천민 신분을 벗고 궁에서 과학자로 일했어요.
(☞96~97쪽)

3. O, X, O, X
⋯ 이순지는 《칠정산》을 만드는 데 공헌했고, 《구수략》을 쓴 사람은 수학자 최석정이에요. 《자산어보》는 정약전이 썼으며, 김려는 《우해이어보》를 펴냈어요.
(☞97~103, 106~107쪽)

4. 자유롭게 조사하여 적어 봐요.

찾아보기

ㄱ
가마솥 ·············· 18
갈옷 ·············· 23
거북선 ·············· 39
거중기 ·············· 41

ㄷ
《대동여지도》 ·············· 83
도르래 ·············· 40~41
독살 ·············· 25
《동국지도》 ·············· 82
《동의보감》 ·············· 101

ㅁ
《무구 정광 대다라니경》 ·············· 74~75

ㅂ
발효 ·············· 16~17
부룩 ·············· 24

ㅅ
석굴암 ·············· 76~77
석빙고 ·············· 44~45
수표 ·············· 67
신기전 ·············· 36~37

ㅇ
앙부일구 ·············· 58
온돌 ·············· 21
옹기 ·············· 19
《우해이어보》 ·············· 103

ㅈ
자격루 ·············· 59
《자산어보》 ·············· 102
장경판전 ·············· 79
《직지심체요절》 ·············· 86

ㅊ
천상열차분야지도 ·············· 56~57
천연 염색 ·············· 22
첨성대 ·············· 54~55
측우기 ·············· 66~67
《칠정산》 ·············· 60~61

ㅍ
판옥선 ·············· 38
《팔만대장경》 ·············· 78~79

ㅎ
한옥 ·············· 20
한지 ·············· 75
혼천시계 ·············· 64~65
화성 ·············· 40
화차 ·············· 37

120

초등 교과 과정에 알맞게 개발한 통합교과 정보서

참 잘했어요 과학

하나의 과학 주제를 다양한 분야에서 살펴보는 통합교과 정보서입니다.
재미있는 스토리와 서술형 평가에 대비하는 워크북도 함께 실었습니다.
서울과학교사모임의 꼼꼼한 감수로 내용의 정확도를 높였습니다.

글 신방실 외 | 그림 시미씨 외
감수 서울과학교사모임
값 1~10권 10,000원, 11~25권 11,000원,
26~32권 13,000원

1 또 하나의 가족 **반려동물**
2 범인을 찾아라! **과학수사**
3 뼈만 남았네! **공룡과 화석**
4 과학을 타자! **놀이기구**
5 약이야? 독이야? **화학제품**
6 두 얼굴의 하늘 **날씨와 재해**
7 고수의 몸짱 비법 **운동과 다이어트**
8 이젠 4차 산업 혁명! **로봇과 인공지능**
9 과학을 꿀꺽! **음식과 요리**
10 외계인의 태양계 보고서 **우주와 별**
11 나 좀 살려 줘! **환경과 쓰레기**

12 시큼시큼 미끌미끌 **산과 염기**
13 시원해! 상쾌해! **화장실과 똥**
14 대비해! 대피해! **지진과 안전**
15 이게 무슨 소리?! **음악과 소음**
16 세상에서 가장 착한 초록 **반려식물**
17 가슴이 콩닥콩닥 **성과 사춘기**
18 눈이 따끔, 숨이 탁! **미세먼지**
19 미생물은 힘이 세! **세균과 바이러스**
20 그 옛날에 이런 생각을?! **전통과학**
21 땅속에서 무슨 일이?! **보석과 돌**
22 줄을 서시오! **원소와 주기율표**

23 드라큘라도 궁금해! **피와 혈액형**
24 불 때문에 난리, 물 때문에 법석! **기후 위기**
25 결정은 뇌가 하지! **뇌와 AI**
26 지켜 주지 못해 미안해! **멸종 동물**
27 생명이 꿈틀꿈틀! **바다와 갯벌**
28 가상에 쏙, 현실이 짠! **메타버스**
29 작지만 무서워! **미세 플라스틱**
30 세상이 번쩍, 생각이 반짝! **전쟁과 발명**
31 어제는 패션, 오늘은 쓰레기! **패스트 패션**
32 내 몸을 지켜라! **면역과 질병**